LA

CROIX D'HONNEUR

PAR

GEORGES BELL

PARIS
ACHILLE FAURE, LIBRAIRE-ÉDITEUR
18, RUE DAUPHINE, 18
—
1867
Tous droits réservés

LA CROIX
D'HONNEUR

LONS-LE-SAUNIER, IMPRIMERIE ET LITHOGRAPHIE DE H. DAMELET.

GEORGES BELL

LA CROIX D'HONNEUR

PARIS

ACHILLE FAURE, LIBRAIRE-ÉDITEUR
18, RUE DAUPHINE, 18,

1867

Tous droits réservés.

Au docteur
CHARLES HOUNAN
Médecin principal des armées.

Cher Frère,

Ceci n'est pas pour toi un livre nouveau. Tu sais comment je l'ai écrit, comment ont été recueillis les récits militaires qui le composent.

Je te l'envoie donc uniquement comme un témoignage public de l'amitié qui nous unit.

Georges BELL.

LA CROIX D'HONNEUR

Nos pères ont eu leurs légendes. Tous, tant que nous sommes, nous avons été bercés avec le récit des grandes batailles de la première République et du premier Empire. Dans leur lointain, les hommes de Fleurus, des Pyramides, d'Eylau, nous les avons vus entourés d'une auréole lumineuse, grands comme les héros d'Homère et dignes, par leurs proportions épiques, d'occuper une place d'élite dans nos imaginations. Le soir, à la veillée, quand ils nous racontaient leurs étapes glorieuses et leurs grandes équipées, nous les écoutions attentifs, et notre jeunesse regrettait que le temps de ces luttes gigantesques fût passé.

La génération qui vient après nous dans la vie aura ses légendes aussi.

Quand les travaux des mauvais jours d'hiver

retiennent toute une population nombreuse dans les granges, écoutez ce que disent les campagnards occupés à éplucher le maïs ou les châtaignes ; ils ne racontent plus même les souvenirs d'Afrique, les expéditions au désert ou dans la Kabylie qu'en les mélangeant avec d'autres.

Ils disent les fatigues, les privations et les rudes escarmouches de la campagne de Crimée, et cette marche de deux mois semée de batailles gigantesques qu'on appelle la campagne d'Italie.

L'expédition de Chine, la guerre actuelle avec le Mexique fourniront encore de nouveaux épisodes qu'il faudra recueillir.

Car il n'y a rien de plus émouvant au monde que ces récits au village. La grande histoire ne s'occupe guère de tous ces héros au petit pied qui ont joué si énergiquement leur rôle de comparses dans l'action. Mais ils sont les favoris de la légende. Dans l'atelier comme dans les campagnes, on aime les détails. Le vrai héros populaire, c'est Jean Pecqueur, dont je vais vous raconter l'histoire.

I

Jean Pecqueur est né au petit village de Ste-Suzanne, dans la banlieue d'Orthez, au pied des Pyrénées. Il est le troisième fils d'un fermier qui élève sa nombreuse famille pour les travaux des champs, sans se soucier du grand bruit d'émigration vers les villes qui se fait autour de lui. Là où vécurent ses pères, il veut que vivent ses enfants.

C'est dire que Jean Pecqueur est robuste. Il appartient à cette jolie petite race d'hommes du Midi qui cache dans une taille moyenne une force, une adresse et une agilité peu communes. Ajoutez à cela un courage naturel aiguillonné chaque jour depuis le berceau par le spectacle des grandes merveilles de la campagne pyrénéenne, et vous aurez le portrait complet, physique et moral, de Jean Pecqueur.

Aussi, quand les hasards de la conscription l'ont

désigné pour faire partie du contingent à fournir pour l'année 1856, on l'a immédiatement incorporé au 3e régiment de zouaves, en garnison à Constantine.

Il ne s'est pas fait tirer l'oreille pour partir. Sans doute, il n'était pas d'une gaîté folle quand il a dit *adieu* à sa famille, au foyer paternel, à tout ce qui faisait sa vie depuis son enfance. Mais cependant, il a su contenir ses larmes pour ne pas trop affliger sa vieille mère; il a compris qu'il était homme, du moment qu'il était appelé à marcher sous le drapeau national, et il a voulu se montrer tel avant de quitter le village.

Ce n'est que le lendemain, à sa première étape, qu'il permit à la juste affliction de son cœur de déborder. Jusqu'à Orthez, Jean Pecqueur a été accompagné par son père et par ses frères, et devant eux aussi, rien de ses émotions intérieures n'a presque transpiré. Mais quand seul, le lendemain, il se trouve sur les hauteurs de Castétis, qu'au bout de quelques pas il va tourner le coteau qui lui dérobera peut-être pour toujours le clocher natal, alors il s'arrête et s'asseoit mélancoliquement sur un tertre de gazon qui borde le chemin; la tête dans ses mains, il se laisse aller aux émotions nouvelles qui agitent son âme et il interroge d'un œil anxieux l'horizon lointain. Il voit enfin, à l'occident méridional, noyées dans la brume du matin, les roches grises de Ste-Suzanne, il distingue l'église, la vieille demeure seigneuriale, le pauvre toit de son père, et soudain des larmes abondantes s'échappent de ses yeux, sans qu'il songe un seul instant à les retenir.

Ce furent les dernières que versa Jean Pecqueur.

Promptement arrivé à Constantine, il ne tarda pas à se rendre familiers tous les détails du service, et six mois étaient à peine écoulés depuis son départ du village, qu'on le citait déjà dans le régiment comme le modèle des jeunes recrues, et il pouvait marcher de pair avec les vieux soldats. Quelques mois encore et il ne lui manquera que le baptême du feu devant l'ennemi.

Sur ces entrefaites, au milieu de la paix et de la tranquillité qui régnait en ce moment dans notre colonie africaine, un bruit de guerre se répandit. On disait qu'avant peu ces vieux lions d'Afrique et de Crimée seraient appelés sur les champs de bataille d'Europe, et de chambrée en chambrée on s'excitait avec une noble émulation.

Ce n'était là qu'un de ces bruits avant-coureurs que les chefs militaires aiment à voir circuler, parce qu'ils entretiennent l'enthousiasme. Cette fois la conjecture ne précédait le fait que d'une année à peine. Aussi les troupiers furent-ils joyeux quand on leur annonça officiellement qu'il fallait se tenir dans tous les corps d'Afrique prêts à entrer en campagne. Presqu'aussitôt arriva pour le régiment de Jean Pecqueur un ordre nouveau, celui de se mettre en marche pour son port d'embarquement.

A la première comme à la seconde nouvelle, Jean Pecqueur avait senti son cœur bondir violemment dans sa poitrine. C'était la première fois qu'il allait se trouver au feu, entendre les balles, la mitraille, les boulets siffler à ses oreilles, s'enivrer de l'odeur de la poudre et du carnage, voir tomber les hommes autour de lui, courir au devant de la mort pour l'honneur de sa nouvelle famille représentée par le drapeau. Presque tous les camarades qui marchaient avec lui avaient déjà figuré dans mainte affaire sanglante, et ils parlaient de la bataille comme d'une fête formidable, où c'était plaisir de donner ou de recevoir la mort. Tout cela n'était pas bien compris par Jean Pecqueur, et il s'avouait ingénûment dans son for intérieur que peut-être il aurait mieux aimé conduire ses bêtes dans les campagnes du Béarn que d'aller cueillir des lauriers sur les champs de bataille italiens. Mais il avait pris la bonne habitude de garder pour lui-même ses impressions intérieures, et personne n'aurait pu lire ses pensées secrètes sur sa figure déjà bronzée par le soleil d'Afrique. D'ailleurs, il faisait bonne contenance et, sans fanfaronnade, ne laissait nullement deviner en lui le conscrit.

Le bâtiment qui portait Jean Pecqueur fut le premier bâtiment chargé de troupes françaises qui entra dans les eaux de Gênes.

II

Cette ville, que nos aïeux eurent bien raison de surnommer la *Superbe*, titre qu'elle justifierait encore à ne regarder que ses palais de marbre, est une des villes italiennes où le sentiment patriotique est, a été et sera toujours essentiellement vivace. Elle attendait l'arrivée des troupes avec une grande anxiété. Déjà les hostilités étaient commencées de l'autre côté du Piémont. Les Autrichiens avaient passé la frontière et s'étaient répandus dans les provinces qu'ils traitaient en pays conquis. Gênes, comme Turin, et peut-être bien plus que Milan et Brescia, comptait sur l'arrivée des Français pour donner le signal de la délivrance italienne. Une foule immense, dès que les navires de guerre furent signalés à l'horizon, encombra les môles et les quais. Des cris de toutes sortes partaient de tous les points de cette foule, et semblaient se répondre du palais Doria jusqu'au-dessus du pont de Carignan. Les uns, parmi ces hommes où l'on aurait pu reconnaître toutes les races de l'Italie, voyaient les armes reluire au soleil, les autres les pantalons rouges, et tout le monde se communiquait ses impressions en tumulte.

Enfin l'ancre est jetée. Le débarquement commence. Tout à coup un silence solennel plane sur cette foule naguère si tumultueuse. C'est à peine si l'on entendrait voler dans l'air l'insecte qui va chercher son butin odorant en lutinant de fleur en fleur au milieu des villas, ornements des collines dont Gênes est couronnée. Instinctivement toutes les mains se portent aux chapeaux, toutes les têtes se découvrent.

Que s'est-il donc passé?

Le Drapeau glorieux de la France vient de descendre dans une barque italienne, et vogue à force de rames vers Gênes-la-Superbe.

Après cette minute de recueillement sublime, un immense cri s'échappe de toutes les poitrines à la fois; hommes, femmes, enfants, échos redisent: Vive la France! Vive l'Italie!

III

De même que le régiment de Jean Pecqueur avait été des premiers à fouler la terre italienne, de même il fut un des premiers à se trouver aux prises avec l'ennemi redoutable que la France et le Piémont avaient en face d'eux.

Le combat de Palestro fut une rude boucherie.

C'est là que Jean Pecqueur reçut le baptême du sang.

Détaché en avant-garde avec toute sa compagnie, il fut un de ces robustes gaillards qui escaladèrent au pas de course le plateau sur lequel manœuvrait l'artillerie autrichienne, et chargèrent à la baïonnette les artilleurs sur leurs pièces. La balle ne faisait pas des ravages assez rapides dans les rangs ennemis, et on aurait perdu un temps précieux à recharger son arme.

Avec une intrépidité qui n'avait pas besoin de stimulant et sans savoir seulement s'il était vu de ses chefs, faisant de son fusil et de sa baïonnette une lance formidable qu'il manœuvrait avec la dextérité du montagnard qui, dès l'enfance, a joué avec le baton ferré, Jean Pecqueur se précipite sur les artilleurs en désarroi et en tue un à chaque coup. Ses camarades le suivaient de près. Sa bravoure les a électrisés. Ils imitent sa manœuvre et bientôt la batterie toute entière reste au pouvoir de nos soldats.

Cette besogne terminée et avant de passer à une autre, il y eut quelques minutes de répit. Les Autrichiens disparus, chacun put se reconnaître sur cet étroit plateau où il était impossible de faire un pas sans trébucher contre des morts, des mourants, des blessés.

Son capitaine avait vu Jean Pecqueur à l'œuvre meurtrière et avait admiré son courage et son habileté. Il sut lui dire quelques-unes de ces paroles énergiques qui, dans un moment suprême, transforment tout soldat français en héros. Mais la charge sonne il faut combattre de nouveau; il faut déloger l'ennemi de toutes les positions qui lui restent. On n'a le temps ni de faire ni d'écouter de longues phrases. C'est le jour de l'action. Et cela dure jusqu'à ce que l'Autrichien soit en pleine retraite, jusqu'à ce qu'il ait complètement abandonné le champ de bataille qu'il avait choisi.

Le soir, on campa sur la terre que l'on avait conquise. Alors seulement, Jean Pecqueur s'aperçut qu'une balle autrichienne l'avait effleuré en passant. Au haut du bras, une longue marbrure noire marquait la place de la contusion. Quand le tambour annonça le réveil, Jean Pecqueur avait peine à se servir de ce bras. Mais il ne voulut pas manquer à la revue qu'allait passer le colonel. Et vraiment s'il avait trop fait le douillet après sa brillante conduite de la veille, c'eût été grand dommage: car à cette revue une grande joie lui était réservée.

Après qu'il eut passé dans les rangs, le colonel distribua les récompenses dont il pouvait disposer.

Jean Pecqueur fut fait caporal.

Sur le champ, on attacha des galons improvisés à la manche de sa veste.

Aussi la joie de Jean Pecqueur était grande quand il repassa dans le village avec tout le régiment. Il ne souffrait déjà presque plus de son bras contusionné, et, pour la première fois depuis l'entrée en campagne, il pensa en souriant à tous ceux qui l'aimaient à Ste-Suzanne, et, par le chemin de l'air, il envoya une pensée joyeuse à sa bonne vieille mère.

IV

Son grade n'enfla nullement le cœur de Jean Pecqueur. Il n'avait aucune vanité, et si l'on eût trouvé quelque orgueil chez lui, c'était celui de se trouver digne en tout point de l'honneur de servir et de défendre le drapeau sous lequel il marchait.

Au reste, c'était un soldat modèle. Nul ne portait avec plus d'aisance le large pantalon flottant et le *fez* sur sa tête avait une crânerie incomparable.

Jamais armée dans aucun pays ne reçut l'accueil qui fut fait à l'armée française en Italie. Depuis l'heure du débarquement jusqu'au dernier moment, nos soldats ont trouvé partout la cordialité la plus parfaite chez ces populations éminemment intelligentes, qui comprenaient que le drapeau de France était le point de ralliement autour duquel devaient se grouper tous ceux qui voulaient une patrie italienne libre. Au combat où s'était fait remarquer Jean Pecqueur, les Piémontais étaient mêlés à nos soldats, et c'était sous les yeux du roi Victor-Emmanuel que les plus rudes coups avaient été portés. Lui-même avait déployé sur le champ de bataille une de ces bravoures héroïques qui donnent bientôt autant d'amis dévoués qu'on a eu de compagnons d'armes.

Mais ce qui fut remarquable surtout, ce fut la grande fraternité qui s'établit aussitôt entre les Italiens et les soldats du 3e régiment de zouaves. Dans l'armée de Victor-Emmanuel, il n'était pas rare de rencontrer les plus grands noms de l'Italie sous l'uniforme du plus obscur des régiments. Cette guerre nationale a cela de bon, pour l'avenir de la péninsule italique, que tout le monde a voulu y prendre part. Les jeunes hommes se sont partout enrôlés avec un enthousiasme qui faisait comprendre celui dont la nation française avait été prise en 1792. Nobles et bourgeois, étudiants et professeurs, tous avaient pris le fusil avec la même foi profonde, et tous, oubliant les habitudes d'une ancienne vie, se battaient contre les Autrichiens avec le même entrain et la même vaillance. Ce phénomène ne doit pas être laissé dans l'oubli ; car c'est ainsi, et ainsi seulement, que peuvent se fonder de fortes nationalités.

A côté de Jean Pecqueur, quand il se précipita sur les canons autrichiens, marchait un jeune volontaire de Charles-Albert. Séparé, par un accident de marche, du corps dans lequel il servait, au moment où sonnèrent les premières fanfares de la bataille et tonnèrent les premiers coups de canon, le jeune homme s'était trouvé à côté des zouaves. Il avait aussitôt pris place dans les rangs qui s'ouvrirent pour le recevoir, et au milieu des soldats français, il avait combattu en homme de cœur qui sait qu'aux heures suprêmes, la patrie a un droit souverain sur la vie de chacun de ses enfants.

Albert de Basso-Campo pouvait avoir vingt ans. C'était la beauté de l'adolescence italienne dans toute sa fleur. De haute taille, de mine fière, d'allures énergiques, il gagnait du premier coup toutes les sympathies, surtout quand on le voyait se ruer à la bataille, avec une ardeur et un acharnement qui témoignaient de sa haine vigoureuse pour l'ennemi éternel de son pays. De fortes études n'avaient fait que développer cette haine instinctive. Dans les nations d'élite, le bras ne perd rien à être secondé par l'esprit.

Aussi bien que Jean Pecqueur, Albert aurait pu et dû obtenir une distinction après le combat de Palestro. Mais il se contenta de demander à ses chefs de rester dans les rangs des Français où il comptai autant d'amis que de gens qui l'avaient vu à l'œuvre. Cette faveur, on le pense bien, fut aisément accordée au jeune volontaire patriote par les hommes intelligents qui dirigeaient le réveil de l'Italie.

Entre tous, pour en faire son ami particulier, Albert de Basso-Campo choisit Jean Pecqueur, dont la vaillante simplicité l'avait séduit. Le pauvre paysan de Sainte-Susanne se trouvait ainsi avoir pour camarade intime l'héritier d'un des plus beaux noms de l'Italie moderne dans le duché de Modène. Car Albert appartenait à cette puissante et historique famille modénaise qui, après avoir fourni de hauts dignitaires à l'Eglise romaine, s'est, depuis les bouleversements qui signalèrent la fin du siècle dernier, retirée modestement dans ses terres, ne recherchant ni emplois ni fonctions, mais se tenant toujours prête à prendre les armes au premier appel de la patrie.

Cette rencontre et cette amitié furent une des chances les plus heureuses de la vie de Jean Pecqueur.

Car si la gloire est une belle chose, on ne l'acquiert pas toujours aisément, et tel général que je connais vous ferait dresser les cheveux sur la tête en vous racontant ce que lui coûtèrent jadis ses galons de caporal.

Ceux que Jean Pecqueur venait de recevoir sur le champ de bataille de Palestro faillirent aussi être payés fort cher, et bien valut à ce brave garçon d'avoir un ami dévoué dans Albert de Basso-Campo.

Jean Pecqueur, soit pendant l'action, soit le lendemain, n'avait guère fait attention à la balle autrichienne qui lui avait effleuré le bras en laissant une longue trace de son passage. Ces contusions sont, en général, traitées fort légèrement par les soldats de notre armée. Dans leur ardeur, ils ne tiennent compte que des blessures saignantes, de celles qui ont déchiré les chairs et brisé les os, parce qu'ils veulent toujours être prêts à marcher au feu.

Dans la joie que lui causait la conquête de son premier grade, Jean Pecqueur oublia que l'organisme humain est la plus fragile de toutes les machines, et que la moindre bagatelle suffit pour la détraquer. Il ne voulut pas un seul instant laisser chômer son service ni prendre un jour de repos. Une fièvre violente vint l'avertir que la nature a des droits impérieux et que chacun est obligé de leur payer son tribut. Trois jours après le combat de Palestro, quand les clairons sonnèrent le réveil et appelèrent les hommes à leur premier labeur matinal, Jean Pecqueur essaya vainement de se lever. Tous ses membres endoloris refusèrent à la fois le service. Il était cloué sur son lit, de façon à ne pouvoir bouger.

La maladie n'est jamais d'une gaîté folle. Elle est plus triste à voir sous la tente du soldat en campagne que partout ailleurs. Heureusement pour Jean Pecqueur, Albert s'était constitué son infirmier et son gardien, dès qu'il avait appris, au premier appel du matin, la maladie du nouveau caporal.

La famille de Basso-Campo possédait dans les environs de Palestro, au petit village de Ventiglia, un domaine qui pouvait facilement être transformé en ambulance et en hôpital. Il n'y eut qu'un mot à dire pour que le transport des malades et des blessés fût effectué sur ce point. Albert se trouva trop heureux de payer ainsi sa bienvenue à ses nouveaux camarades.

Jean Pecqueur fut le premier à profiter de cette aubaine. Ce que fit la famille de Basso-Campo ne surprendra personne parmi ceux qui ont suivi de près ce qui se passa en Italie, pendant la campagne de 1859. Toute une nation marchait avec nous, et il n'y eut pas seulement fraternité sur les champs de bataille. Si nous voulions citer des noms, nous n'aurions ici que l'embarras du choix. Contentons-nous de dire que palais, maisons, richesses, provisions, ressources de la vie établie, tout on s'empressa de le mettre sous la main des autorités françaises. Albert accompagna son ami et naturellement l'installa dans la meilleure chambre de cette maison rustique rarement visitée par ses propriétaires, et laissée sous la garde de quelques campagnards du pays, serviteurs héréditaires de la maison de Basso-Campo.

V

Le village de Ventiglia est célèbre dans toute cette portion de l'Italie à cause de la salubrité de l'air qu'on y respire, et bien des familles qui, l'hiver, habitent les villes voisines, y viennent passer la saison d'été. Ses maisons sont coquettement assises sur les bords de nombreux ruisseaux d'eau vive qui courent follement çà et là, transformant toute la campagne en une immense prairie naturelle. De grands arbres contribuent puissamment à l'assainissement de toute la contrée. Rien n'était charmant à l'œil comme les paysages qui bordaient de toutes parts les horizons de ce village. Avant la guerre, quand par hasard y passait un voyageur, il y retrouvait au naturel toutes les images champêtres dont les poëtes affectionnent de nous faire de si brillantes descriptions dans leurs livres. Depuis les glorieux et terribles événements de l'émancipation, nos soldats qui se sont reposés quelques jours sous ces frais ombrages, en ont, dans un coin fidèle de la mémoire, gardé un impérissable souvenir.

Le domaine de la famille Basso-Campo occupe une légère éminence d'où la vue s'étend au loin sur toute la plaine. La maison est bâtie dans le goût italien, et en France on n'aurait pas hésité à la baptiser du nom de château. Mais en Italie, on ne peut faire un pas sans que le pied heurte quelque merveille appartenant à une époque quelconque de l'histoire; c'est pourquoi on est beaucoup plus modeste dans les désignations. Les bijoux prodigués par les architectes de tous les temps sur toutes les arêtes saillantes des collines qui dominent le golfe de Gêne, s'appellent simplement des *villas,* et souvent même on prend le diminutif, témoin la *Villetta di Negro.* Il est vrai que cette modestie n'empêche pas ces maisons campagnes d'être célèbres dans le monde entier et d'être, chaque année, hospitalières à des voyageurs de toutes nations qui viennent, en les visitant, accomplir un pèlerinage d'art.

Quoi qu'il en soit, la maison des Basso-Campo à Ventiglia était admirablement appropriée à la destination que venait de lui donner Albert. Sous l'influence de l'air vif et pur, nos malades entraient rapidement en convalescence, et si le bien-être où ils se trouvaient leur faisait un peu prolonger cet état intermédiaire, ce n'était qu'afin de réserver toutes leurs forces pour les luttes et les fatigues nouvelles qu'on leur préparait à l'état-major général de l'armée.

Pour Jean Pecqueur, principalement, ce séjour à Ventiglia ne fut pas une Capoue où il s'endormit dans une mollesse corrosive.

Dès que la médecine eut chassé la fièvre qui le dévorait et les rêves qui troublaient son cerveau en délire, en retrouvant Albert de Basso-Campo assis à son chevet et le soignant avec le zèle infatigable et pieux d'une sœur de charité, Jean Pecqueur comprit qu'une vie nouvelle commençait pour lui. Jusque-là il avait mené l'existence d'un insouciant troupier d'Afrique, brave autant que pas un sous la balle ennemie et soigneux seulement de tout ce qui pouvait le faire bien venir au régiment de ses camarades et de ses chefs. Mais l'amitié de ce noble jeune homme, qui s'attachait à lui, agrandit subitement les idées et les perspectives ambitieuses de Jean Pecqueur. Il avait déjà mis le pied sur le premier degré de l'échelle des grades militaires. La carrière était ouverte devant lui. Que la mort, fauchant sur le champ de bataille, l'oubliât en passant près de lui, et il pourrait, tout comme un autre, ne rentrer au village natal de Sainte-Suzanne, près d'Orthez, qu'avec l'épaulette d'officier et l'étoile de l'honneur sur la poitrine. Toutes ces pensées, c'était la présence d'Albert qui les faisait naître. Mais, pour les réaliser, il fallait non-seulement pouvoir montrer la même bravoure qu'à Palestro, mais encore témoigner d'une instruction qu'on n'acquiert guère dans les écoles de nos villages français. Albert, comme tous les jeunes italiens de bonne famille, était fort instruit, et Jean Pecqueur n'hésita pas à s'ouvrir à son nouvel ami et à lui demander, en échange du sang que lui, paysan des Pyrénées, allait verser pour l'Indépendance de l'Italie, de faire entrer dans son esprit quelques-unes de ces notions générales qui permettent à toute intelligence ouverte de s'assimiler rapidement la science enfouie et perdue dans les livres techniques.

Comme on l'a deviné sans doute, pareille proposition ne pouvait être que favorablement accueillie par Albert de Basso-Campo. Avec la vivacité d'impression qui caractérise ces races Italiennes, à l'escalade du plateau, lorsque tout le monde à l'envi déployait cette *furia francese* à laquelle rien ne saurait résister, Albert, d'un coup d'œil, avait vu tout le parti qu'il y aurait à tirer d'une nature aussi riche que celle de Jean Pecqueur. Nos soldats ont montré dans cette campagne d'Italie, comme on avait pu le voir en Crimée et en

Afrique, qu'il y a toujours sous l'épaulette de laine la graine de l'épaulette d'or. De nos simples troupiers à nos brillants officiers il n'y a qu'un pas, l'épaisseur de quelques campagnes heureuses et c'est pour cela sans doute que nos officiers sont généralement si populaires.

Albert de Basso-Campo profita donc des loisirs que donnait la convalescence à son ami pour jeter dans son esprit quelques bribes de cette instruction qui, avec de pareils maîtres, deviendrait bientôt le plus agréable des passe-temps.

Ensemble ils faisaient de longues promenades sous les riants ombrages de Ventiglia, parlant tour à tour d'histoire, de morale, d'art ancien, et parfois des sciences mathématiques et naturelles qui avaient un attrait particulier pour Jean Pecqueur. Le soir, l'existence militaire prenait le dessus. Albert et Jean Pecqueur n'étaient pas seuls à Ventiglia. Loin de là, ils avaient avec eux de nombreux compagnons, glorieux invalides de quelques jours, auquel il aurait été fort malséant de brûler entièrement la politesse. En général, le soir, toute l'ambulance se trouvait réunie dans une vaste salle, parfaitement aérée, et alors c'étaient, entre tous ces malades, des causeries de troupier sans fin.

Presque tous ces hommes avaient de brillants états de service, et Jean Pecqueur se trouvait à peu près le seul qui fît sa première campagne. Aussi n'avait-il rien à raconter. En revanche, on aurait difficilement rencontré un auditeur plus attentif. Maint professeur que je pourrais nommer serait bien aise de trouver, même à prix d'argent, une douzaine de Jean Pecqueur pour les jours où il lui faut parler devant des banquettes à peu près vides.

Resterait encore à savoir si les récits du troupier ne valent pas mieux que les leçons du professeur. Grave question que je n'aurai garde de vouloir trancher.

VI

Voici, par exemple, un zouave blanchi sous le harnais. Il a deux chevrons sur la manche de sa veste, et sur sa large poitrine, à côté de la médaille militaire, brille la médaille de Crimée, ornée des quatre agrafes qui en feront une décoration exceptionnelle dans quelques années. En lisant les noms de l'Alma, d'Inkermann, de Traktir, de Sébastopol sur ces lauriers d'argent, on regarde les hommes qui ont survécu à ces glorieuses et gigantesques hétacombes. Quand ils parlent on est heureux de les écouter, comme on écoute les voyageurs intrépides qui reviennent sains et saufs des terres inconnues.

« L'Alma, dit le vieux zouave, ce fut une bagatelle. J'étais alors au 2ᵉ, et de mes chefs je n'ai gardé le souvenir que de deux : Lacretelle et Vial de Sabligny, qui sont aujourd'hui, tous les deux, aux zouaves de la garde avec des grades avancés.

Je les vois encore descendant avec nous du navire qui nous avait à bord, et, à peine la terre touchée, mesurant de l'œil les hauteurs de Mackensie hérissées de soldats russes et de canons qui allaient bientôt donner le branle à la sérénade. Nous, les vieux d'Afrique, nous ne nous étions jamais trouvés à pareille fête. Les baïonnettes frétillaient au bout des fusils.

Les généraux et les colonels couraient l'épée haute. Partout on se préparait à montrer que les vieux grognards n'avaient rien à envier à leurs fils, et que nous aurions pu, comme les autres, figurer dans ces grandes prouesses qu'on nous vantait lorsque nous étions petits enfants.

A un geste du général Bosquet, nous dit-on après la bataille, le clairon sonna. Vivrais-je mille ans, jamais je n'oublierai l'impression que me fit cette première fanfare. Je l'avais souvent entendue en Afrique et même avec un grand plaisir. Mais ici les notes stridentes du cuivre nous entraient dans les oreilles comme une vrille. En même temps un coup de canon partit sur les hauteurs et aussitôt toutes les batteries jouèrent de la mitraille et du boulet. Le clairon sonnait toujours. Au cri de notre commandant, nous nous ébranlons ; les rangs sont rompus et nous voilà lancés au pas de course. Nous grimpons de roche en roche comme des chats. Nos turbans ne font que paraître et disparaître. Les Russes cependant continuent leur canonnade, et avec leurs fusils font sur nous des feux plongeants de bataillon qui nous envoient des balles dru comme grêle en été. On tombait que c'était une bénédiction. Le clairon qui soufflait sa satanée fanfare reçoit un biscaïen qui lui fracasse le bras et emporte à quinze pas son maudit instrument. Mais nous n'avions plus besoin de lui. Il nous avait montré le chemin, et quiconque n'était pas touché escaladait à pas de géant pour arriver des premiers et balayer ces grands escogriffes de Russes de leur belle position. Les majors de l'ambulance et tout le bataclan grimpaient avec nous. Mais pas moyen de s'arrêter pour aviser aux blessés. Le but était en haut. Tout le monde y voulait arriver. Le clairon essaya d'arrêter un de nos chirurgiens, fort aimé parmi nous, parce que nous l'avons toujours vu prêt à se faire fendre la cocarde pour venir nous chercher sous le nez de l'ennemi. Il ne put pas lui donner audience.

— Fais-toi couper le bras tout de suite, lui cria-t-il en passant.

Et il courut de plus belle, l'épée au fourreau, selon son ordonnance. Il voulait montrer le premier de près son museau noir et son collet brodé aux balles de Mentchikoff.

Et il arriva avec ses deux amis Vial et Lacretelle.

A côté d'eux parut presqu'aussitôt un brave manchot qui se mit à sonner la charge de plus belle. C'était le clairon qui s'était débarrassé de son bras fracassé. Il nous rallia tous en un clin d'œil et nous pûmes montrer à ces braves gens de Russes que leurs hauteurs n'étaient pas plus inaccessibles que celles de la Kabylie pour des lapins comme des soldats français. En arrivant, nous n'avions gagné que le droit de ne pas nous laisser canarder comme des agneaux sans répondre par un seul biscaïen français à la politesse de ces messieurs. Mais une fois sur la crête de ces terribles mamelons, la musique changea de caractère. Nous pûmes largement payer de la même monnaie, et quand nous fûmes fatigués d'échauffer le canon de nos fusils, la baïonnette aussi entra en danse, et, comme toujours, elle fit des siennes d'une façon assez remarquable... Maintenant vous savez le reste. Si vous l'ignorez, lisez les bulletins. L'Alma fut le premier chevron de ma médaille.

Ce premier récit fait parfaitement comprendre l'esprit qu'apportait le vieux troupier à ses causeries du soir, à l'ambulance de Ventiglia.

VII

Les plus jeunes d'entre tous ces soldats étaient ceux qui se montraient les plus ardents à se faire raconter les épisodes de cette histoire qui ne sera plus qu'une légende, lorsque les grands et sérieux écrivains s'en seront emparés pour la raconter à nos neveux.

Un autre soir, le vieux troupier disait Inkermann, et le cercle se resserrait pour entendre ce récit épique.

— On ne se doutait de rien. Devant nous, un brave Russe qui avait un nom italien, Liprandi, paradait pour nous donner le change. Nous nous regardions, séparés par un ravin qui n'était pas facile à franchir, et le soir on dormait encore assez tranquillement, quoiqu'on se canardât à distance. Nos chasseurs à pied surtout, avec leurs carabines qui envoient un homme *ad patres* à des distances de tous les diables, avaient la manie de chercher leur cible quotidienne de l'autre côté du ravin. Nous avions le 14ᵉ dans notre voisinage, et, cachés dans leurs embuscades, ils se faisaient la main avec un acharnement qui ne devait pas causer des sourires à ceux de l'autre côté. V'là tout d'un coup qu'un matin après la soupe, lorsqu'on astiquait le fourniment pour qu'il se trouvât bien en ordre, le clairon des chasseurs sonna une marche bien connue de toute la troupe, puis le nôtre se met de la partie, et sur notre gauche nous entendons gronder le canon avec un ensemble et une vigueur qui témoignent du sérieux de l'affaire. Paraîtrait que les Russes et les Anglais étaient en train de se flanquer une tripotée qui n'était pas une farce. L'artillerie faisait la noce, mais les fusils ne s'amusaient pas moins. C'était bon.

La *grosse tête*, comme nous appelions le général Bosquet, un vieux d'Afrique que tout un chacun parmi nous connaissait pour l'avoir vu cent fois dans le plus chaud des affaires avec les moricauds, n'eut pas grand'chose à nous dire en passant près du colonel au galop de son cheval. Le clairon avait sonné et nous avions saisi sans nous faire prier la machine de son langage. En un clin d'œil, nous nous mîmes à galoper comme des chacals en quête, du côté d'où venait le bruit, et nous arrivâmes encore pour le bon moment. Ces gredins de chasseurs, nos voisins, et les autres voulaient à tout prix nous damer le pion. Ils allaient d'un train d'enfer avec leur pas gymnastique. Mais le nôtre n'est pas mauvais, et, au débouché, nous nous trouvâmes tous ensemble prêts à aborder ce plateau qui faisait envie à MM. les Russes et que MM. les Anglais n'étaient pas commodes à vouloir leur lâcher. Nous montâmes pêle-mêle pour ne pas faire de jaloux et sans nous faire prier davantage.

Bourbaki était avec nous; si vous ne le connaissez pas, mes amis, jamais vous ne saurez ce que c'est que la crânerie d'un officier français devant l'ennemi. On nous parle toujours du vieux Murat qui prenait sa cravache pour sabre quand il chargeait les artilleurs essayant de lui cracher de la mitraille au visage avec leurs canons. J'aurais voulu le voir avec Bourbaki. Les deux auraient pu faire la paire et personne n'aurait perdu au change.

Nous en aurions aimé deux au lieu d'un, voilà tout. Mais contentons-nous de celui que nous avons et laissons le leur à nos anciens de l'autre Empire.

Bourbaki jetait du feu de partout; ses yeux étincelaient et nous l'entendions qui nous criait, avec sa voix énergique, de lui faire place afin qu'il arrivât le premier.

— Pardon, mon général, il y en a pour tous à la noce, et faut que chacun ait son tour.

Oh ! ce fut une rude affaire, mes lapins, et les petits agneaux du 2ᵉ et du 3ᵉ, les turcos, les chasseurs, tous enfin s'en donnèrent à bouche que veux-tu. On n'eut qu'à prendre. Nous abordâmes le plateau carrément et sans dire aux Russes que nous étions là, en leur envoyant de loin un méchant coup de fusil. Nous nous en vîmes les trifouiller à la baïonnette. Dame, nous n'y allions pas de main morte, faut croire, et la besogne marchait rapidement, puisque les Russes se rangèrent en carré pour recevoir notre assaut. Ils ne virent pas d'autre moyen de nous résister et de conserver le terrain. Mais qu'est-ce que cela nous faisait, leur carré? Nous la connaissons celle-là; nous savons faire la chose aussi bien que ces braves gens, et aussi la défaire. Ah ! ils furent solides et ce ne fut pas commode de les démolir.

J'en ai vu pas mal dans mes quinze ans d'Afrique, et pas mal en Crimée, et je ne connais pas d'affaires qui furent aussi rudes. Nous eûmes là quatre heures de travail qui auraient bien pu en fatiguer d'autres. Mais bah ! puisque nous étions arrivés sur ce plateau, l'idée nous était entrée dans la cervelle d'y rester malgré tout et de bousculer tout ce qui voudrait nous en empêcher. Or, vous savez si les vieux zouaves d'Afrique sont entêtés. Quand ils se sont mis quelque chose dans la boule, il faut que cela parte et arrive au but. Ici la besogne en valait la peine, et les Russes n'étaient véritablement pas raisonnables.

Eux aussi s'étaient fourré dans la machine qu'ils devaient s'installer sur le plateau comme s'ils avaient voulu s'y promener la canne à la main. Ils ne nous avaient pas consultés pour prendre cette petite résolution, et je crois que voilà ce qui nous vexait. Ils avaient été beaucoup trop sournois pour nous. Ce n'était pas commode à arranger. Chacun restait avec son idée et la défendait. Mais après quatre heures de bonne et solide conversation, et après que pas mal des leurs et des nôtres eurent passé l'arme à gauche, on finit par s'entendre un peu plus convenablement. Les Russes déguerpirent avec lenteur, et nous leur fîmes poliment un pas de conduite jusqu'à ce qu'ils fussent rentrés chez eux.

Tel est l'historique réel à ma connaissance.

Mais tout cela, mes enfants, continua le vieux troupier après avoir repris haleine un instant, tout cela, quoiqu'assez joliment troussé, n'est rien auprès de ce qui nous est arrivé à Traktir. C'est là qu'il y eut un fier engagement sur les bords du ruisseau, et de mémoire de zouave c'est bien le plus fier que l'on ait jamais vu. De ma vie je n'oublierai la peur qui me serra le ventre lorsque chacun de nous tricotait de son côté, que sur le Pont on se bousculait, et que sur les bords de la rivière nous flanquions à l'eau tout ce que ne crevaient pas nos baïonnettes ; tout à coup j'entendis le clairon du régiment sonner au drapeau. J'en frémis encore rien que d'y penser.

VIII

— La bataille de Traktir, reprit le vieux zouave, voyant qu'autour de lui chacun lui prêtait une religieuse attention, voilà quelle a été pour le 2ᵉ de zouaves la plus rude de toutes nos grandes journées de Crimée. Nous étions fort paisiblement campés sur les bords de la Tchernaïa. Nous commencions à goûter le bonheur de quelques jours de repos. Chacun avait repris ses petites occupations de plaisir, et à l'heure favorable, on aurait trouvé plus de zouaves les pieds dans l'eau que sous la tente. Les mains barbottaient avec plaisir dans la fange du torrent et fouillaient sous les pierres et les plantes aquatiques. C'est que nous avions trouvé un entremets délicieux pour relever la pauvreté de l'ordinaire. Les écrevisses de la Tchernaïa, vous ne les connaissez pas, mes enfants ; vous ne les connaîtrez peut-être jamais. Et c'est tant pis pour vous. Car alors vous ne saurez jamais ce qui est bon, mais bon au-delà de tout ce que je puis vous en dire. Tant il est, que ces écrevisses pourraient être servies sans désagrément sur la table d'un roi, de l'Empereur ou du bon Dieu. Et nous en trouvions tant et tant que nous en donnions même à nos officiers qui, depuis le commencement de la campagne, ne s'étaient pas toujours trouvés à la noce. Et tout le monde s'en régalait avec contentement.

Rien que d'en parler encore aujourd'hui, l'eau m'en vient à la bouche.

Mais ce n'est pas de cela qu'il s'agit.

Faut croire que les Russes n'étaient pas contents de nous et n'étaient satisfaits que tout juste de notre façon d'agir. Ils tâtaient des Français et des Anglais depuis le commencement de la campagne, et cela ne leur avait guère réussi. Avec nous, sur la Tchernaïa, tenait la campagne cette brave division italienne qui avait aussi voulu brûler son amorce et savourer l'odeur de la poudre. Nous sommes aujourd'hui au milieu des Italiens. C'est pas pour les flatter, mais vous pouvez croire que, dans la journée de Traktir, nous avions tous envie de faire quelque chose pour eux. Ce sont de solides troupiers, et les Russes pourraient encore vous le dire mieux que moi; car celle que je vous raconte n'était, je crois, à autre fin que de tâter les Piémontais comme on nous avait déjà tâtés ainsi que les Anglais.

Les Russes donc se présentèrent en force pour s'emparer du pont qui ouvrait toute la position de notre campement. Les Italiens étaient là et faisaient bonne garde. Ils reçurent le premier choc aussi intrépidement qu'auraient pu le faire nos plus vieilles troupes d'Afrique et nous donnèrent le temps de nous reconnaître et de venir à leur aide. De tous côtés, les tambours faisaient entendre leurs batteries de combat, chacun gagnait son poste et la bataille ne tarda pas à s'engager sur toute la ligne. Vous n'avez pas idée de la ténacité des Russes. Ils se battent avec une obstination qui montre chez eux un projet bien arrêté d'arriver au but quand bien même ils devraient laisser sur le terrain la moitié des leurs. Forcer le pont était ce qu'ils voulaient et ils n'y ménageaient rien. Mais nous aussi, comme les Russes, nous sommes entêtés, et ce fut bientôt entre nous à qui ne céderait pas. Nos officiers en avant nous donnaient l'exemple, et nous tirions dans le tas comme à la cible.

Tout allait bien et les Piémontais avaient regagné les quelques mètres de terrain qu'ils avaient perdus lorsque le nombre les accablait. Encore une heure de bataille et Inkermann faisait des petits dont nous étions fiers. Mais v'lan! Ce même clairon de l'Alma, dont je vous ai parlé, se met à sonner une fanfare qui donne froid au dos à tous les hommes du 2e. C'était notre fanfare à nous, la fanfare du drapeau ! Enfants, n'entendez jamais cela devant l'ennemi, c'est ce que je vous souhaite; car le moment n'est pas bon et nul ne le sait que celui qui a passé par là. On a froid partout et ça grouille dans le ventre comme si on allait rendre l'âme. Et la colère nous empoigne aux cheveux, et la fureur nous donne des bras et des jambes d'enfer. Cette fanfare nous crie, à tous les enfants d'un même régiment, que le drapeau est en péril ; et le drapeau, voyez-vous, c'est le plus précieux de notre chair et de notre sang, c'est notre honneur à tous, et avant d'y laisser toucher, il faut que tous se soient fait crever la paillasse et encore qu'ils n'aient pas trouvé, avant de tourner l'œil, des camarades pour le leur confier. Quand je pense aux deux minutes que j'ai passées avec cette fanfare de détresse dans les oreilles, je ne pleure pas souvent, ce n'est pas commun au corps, mais alors, malgré moi, les larmes me viennent aux yeux, et il faut que je les laisse couler.

Et du revers de sa large main, le vieux soldat essuya lentement une larme qui, en effet, se frayait un sillon sur sa figure bronzée par le soleil d'Afrique et allait se perdre dans sa barbe.

Tout l'auditoire attendit avec anxiété la fin de cette histoire qui devenait pour tous d'un intérêt poignant. Le silence était plus religieux qu'à la chambre des Députés, lorsqu'il y a foule sur les bancs et aux tribunes pour entendre un des grands virtuoses de la parole.

— Donc, reprit le vieux troupier quand il se sentit assez calme pour recommencer, voici ce qui s'était passé. Pendant qu'au pas de course nous nous étions tous précipités, chacun de notre côté, pour nous bucher avec les Russes et donner à nos bons amis les Piémontais un petit coup de main qui ne peut jamais faire de mal, ces grands diables, qui ne sont pas plus bêtes que d'autres et qui connaissaient leur pays mieux que nous, avaient pris un autre chemin et pour peu que la besogne nous retînt où nous étions, ils étaient en train de tourner notre position et de venir nous donner du fil à retordre sur le flanc.

Le premier qui s'aperçut de leur mouvement, ce fut ce même chirurgien dont je vous ai déjà parlé à propos de l'escalade de l'Alma. A celui-là, le 2e des zouaves a dû une fière chandelle le jour de Traktir : sans parler de bien d'autres circonstances, en Kabylie et ailleurs. Mais suffit, je sais où je le porte. Si jamais il a besoin de ma peau, il n'a qu'à faire un signe. Pour que vous le reconnaissiez, c'est un petit, trapu, râblé, quoique maigre, leste comme un cerf et qui n'a pas froid aux yeux du tout. Dieu de Dieu ! s'il nous avait commandé, il serait général ou colonel, comme tous ses amis. Noir comme une taupe ; grande barbe et un œil de lion. Voilà le portrait.

Mais, c'est bon. Pour lors, il était à son ambulance, et le drapeau à quelques mètres. Cent hommes au plus pour garder le tout. Pendant que le major rafistolait les blessés qu'on lui portait de tous côtés, il profite d'un moment de répit pour regarder ce qui se passe dans la bagarre et comment on se comporte des deux côtés. Au-dessus de lui, sur une crête, il voit les grandes capotes qui viennent à travers les arbres. Elles étaient si près qu'on n'avait pas le temps de se reconnaître. Si c'eût été des zouaves, nous étions fricottés, pincés dans la nasse comme des goujons. En quatre bonds, il n'aurait plus rien paru de notre campement. Le brave major ne perdit pas la tête. Lui aussi aimait le drapeau comme nous tous, et ce fut à lui qu'il pensa tout d'abord. Il donna ordre au clairon d'entonner sa fanfare qui fut entendue sur tout le champ de bataille, et mettant le sabre à la main, il vint se ranger sous les ordres d'un capitaine blessé, qui prit le commandement. Ce fut un terrible quart d'heure, mes amis. Jamais les moricauds d'Afrique ne nous avaient vus dans une semblable fureur. Il est vrai que jamais ils n'avaient été assez malavisés pour menacer le drapeau du régiment. Pas un de nous n'aurait voulu rentrer à Oran s'il avait dû arriver malheur à notre bannière. Fallait nous voir. Nous arrivions comme une meute de lions.

Et avec nous accouraient aussi les amis qui étaient venus fraterniser un instant sur les bords de la Tchernaïa.

Nous avions fait part de notre bonne fortune des écrevisses aux amis et connaissances que les besoins du service retenaient dans les tranchées de Sébastopol. Chaque fois qu'ils pouvaient décrocher une permission, ils venaient manger à notre gamelle et se refaire un peu à notre ordinaire. La veille de Traktir, nous avions reçu quatre ou cinq turcos qui voulurent être de la noce dès qu'ils entendirent les premiers coups de fusil. Ce n'était pas difficile, ils eurent bientôt trouvé tout un fourniment. Ces jours-là, après les premières minutes, il y en a toujours à revendre.

A côté de moi marchait un gaillard dont j'avais fait la connaissance à El-Aghouat. Ben-Ticket est le brave des braves. Vous ne le connaissez pas?... C'est lui que le général Bosquet n'appelait jamais que l'enfant du feu. Dans la bataille, on le voyait partout, rien n'était capable de l'arrêter. Il bondissait sur l'ennemi comme une panthère blessée, et quiconque était touché de sa baïonnette, avait son affaire dans le sac. Il était sûr de n'en pas échapper. Ben-Ticket n'avait pas son pareil dans toute l'armée d'Afrique. Avec cela, bon et doux comme tous les bons garçons ensemble. Il est aimé de tout le monde, et au 2ᵉ on l'adore, ainsi que dans toute la province d'Oran.

Au pont de Traktir, comme toujours, comme partout où il a été appelé, Ben-Ticket fit des merveilles. Les Piémontais qui le virent tout d'abord arriver dans leurs rangs crurent que c'était le dieu de la guerre. Ils l'ont dit après, quand l'affaire fut finie. Mais où ce brave turco fut admirable, ce fut quand il entendit la fanfare qui nous appelait tous à l'autre bout du ravin. Ben-Ticket connaissait toutes nos sonneries. Il était souvent chez nous et appartenait autant au 2ᵉ qu'à son régiment.

Au premier son aigu qui entra dans son oreille, on le vit se cabrer comme un cheval de guerre. Ses narines dilatées étaient en feu, et ses yeux lançaient des éclairs. En trois bonds, tant sa course fut rapide, il nous eut tous devancés, et il vint à côté de notre aigle pour se faire tuer des premiers, mais en vendant chèrement une vie qu'aucune balle n'avait écornée jusque-là.

Mes enfants, il faut avoir assisté à ces luttes pour comprendre les plaisirs de la guerre, et apprécier la vie que nous menions.

Au début, nous étions un contre cent, et il n'entra dans la cervelle de personne de reculer d'une semelle. Bientôt nous fûmes un contre dix, et après un quart d'heure de résistance, tout danger disparut. Si nous comptions pas mal de morts et de blessés, et des plus braves, il arrivait constamment du monde pour les remplacer. Il aurait fallu maintenant plus de Russes qu'il n'y en avait sur toute la ligne pour nous dégoter. Et ils ne paraissaient guère en avoir envie, car nous leur avions fait un peu chèrement payer leur tentative. Leurs morts et leurs blessés encombraient toutes les avenues du ravin, et nous jetions dans la rivière ceux qui mettaient un peu trop de lenteur à déguerpir et à nous laisser la place nette. Faut avouer qu'en ce moment nous ne pensions guère à nos écrevisses qui cependant durent trouver une bonne pâture dans tout ce que nous leur envoyions. Pauvres bêtes, c'était pour elles toujours autant de gagné.

C'est un détail.

Je reviens à Ben-Ticket, qui vaut bien la peine qu'on s'occupe un peu de lui, surtout entre camarades.

IX

Quoiqu'il eût fait autant que pas un de nous, reprit après une légère pause le vieux zouave chevronné, Ben-Ticket n'était pas encore satisfait de sa journée. C'était un diable que cet homme.

Pendant que nous étions complètement rassurés pour notre compte et que nous voyions une nouvelle victoire à inscrire sur nos états de service, ce qui nous suffisait pour le quart d'heure, voilà qu'il avise une espèce de guidon qui servait aux Russes de drapeau. Faute d'autre, fallait bien qu'il se contentât de celui-là. Poussant un cri formidable, le cri des grandes razzias d'Afrique, il se jette au plus épais des bataillons russes sans regarder seulement s'il était suivi. Ce qu'il voulait, c'était prendre le guidon. Dans son idée, la vengeance n'était complète que si nous prenions leur drapeau à ceux qui étaient venus en si grand nombre pour prendre le nôtre. Défendre était bien, mais nous devions attaquer à notre tour et gagner cette nouvelle victoire comme la première. Vous le voyez, mes amis, pour un Bédouin, ce n'était pas trop mal raisonner, et Ben-Ticket n'était pas un homme ordinaire. Si quelqu'un de vous pense le contraire, il n'a qu'à le dire, je lui répondrai. Mais vous gardez le silence. Donc vous êtes tous de mon opinion et je continue.

Pour rien au monde, nous n'aurions voulu laisser le brave turco dans l'embarras quand il entreprenait tout seul cette belle action.

Nous nous précipitâmes sur les traces de Ben-Ticket avec une ardeur nouvelle et nous jetâmes dans les rangs des Russes un désordre effroyable. Nous comptions bien en profiter pour arriver à notre but. C'était une trop belle revanche pour que chacun n'en voulût pas avoir sa part. Dans les zouaves, il n'y a point de jaloux et d'égoïstes. La baïonnette recommença comme si depuis quinze jours elle n'avait pas tâté de la chair fraîche. Mais plus nous faisions de trouées, moins nous voyions de guidon. Il semblait disparaître à plaisir devant nous. Faut croire que les Russes avaient deviné notre intention et qu'ils l'avaient éclipsé. Nous ne parvînmes jamais à mettre dessus et nul ne put nous dire ce qu'il était devenu.

Toujours est-il que la nuit seule nous sépara.

Quand le crépuscule commença à tomber et que nous n'eûmes plus, pour nous reconnaître sur ces terrains bouleversés, qu'une lumière douteuse, ils hâtèrent le pas et bientôt nous renonçâmes à les poursuivre. Nous ramassâmes les nôtres tombés sur le champ de bataille, et parmi eux nous eûmes la douleur de trouver Ben-Ticket qui ne donnait plus signe de vie.

Ce fut une vraie désolation parmi nous.

Pendant qu'on le transportait, chacun disait quelque trait de bravoure héroïque de ce brave Africain qui servait avec nous depuis qu'il avait eu la force de manier un fusil. Quand on le dépouilla, son large pantalon, sa veste, tous ses habits, jusqu'à sa chemise, étaient criblés comme une dentelle. Il y avait des trous de balles et des trous de baïonnettes en veux-tu en voilà, une vraie loque, quoi! à jeter au chiffonnier, et peut-être le chiffonnier n'en aurait pas voulu.

Mais, chose qui nous parut une farce d'abord quand nous cherchâmes la blessure qui avait pu donner la mort à Ben-Ticket, rien, nous ne trouvâmes rien. Pas plus de blessure, de sang, de trou, de déchirure que sur ma main. Le corps paraissait sain comme l'œil.

Le chirurgien arriva bientôt et nous expliqua le mystère, en nous assurant, après l'avoir examiné, que Ben-Ticket n'était pas mort, et que bientôt il reviendrait au milieu de nous. Ce qui, soit dit en passant, nous sembla fort singulier. Mais le major n'était pas homme à faire de mauvaises plaisanteries, et nous avions pleine confiance en sa parole. Paraît que dans la bagarre le brave garçon avait reçu quelque coup de crosse qui avait tout arrêté et suspendu en lui. S'agissait seulement de le faire revenir, comme on opère pour un noyé. Ce qui fut exécuté sur-le-champ, et tout le monde se prêta de bon cœur à la besogne.

Nous le frictionnâmes de toute la force de nos bras, et après plus de deux heures de ce travail, nous fûmes tous heureux quand nous l'entendîmes respirer bruyamment. Ben-Ticket était sauvé. Notre chirurgien avait raison, et nous ne l'en aimâmes que mieux.

Voilà, mes enfants, l'histoire de mon troisième chevron. Si vous ne le trouvez pas de votre goût, j'en suis fâché. Mais pour moi, de toutes celles que je pourrais raconter, jusqu'à présent c'est à celle-là que je tiens le plus.

Après avoir ainsi longuement raconté toutes ses péripéties individuelles à la bataille de Traktir, le vieux soldat se tut.

Évidemment ce n'est pas d'après la méthode qu'il avait suivie que procède la grande histoire, celle qu'on écrit après les événements écoulés et en s'entourant de tous les documents qui peuvent éclairer les points nébuleux sur les causes et les conséquences d'une action. De pareils livres appartiennent aux bibliothèques, et ils ont généralement le tort de ressembler les uns aux autres.

Quoiqu'il soit parfaitement loisible à quiconque le voudra d'avoir une opinion contraire à la nôtre, nous doutons fort que ces belles histoires, toutes pleines de grandes théories, eussent pu obtenir, auprès de l'auditoire d'invalides réunis dans le domaine de Basso-Campo, le succès qu'obtenait le récit du vieux zouave chevronné et décoré de la médaille militaire.

Au reste, il n'était pas le seul qui prît la parole dans ces entretiens du soir, toujours chers aux troupiers de toutes armes.

Si Jean Pecqueur parlait rarement, se contentant d'écouter et de faire son profit de ce qui était dit, il n'en était pas de même des camarades qui, comme lui, avaient une belle part à revendiquer dans la victoire de Palestro.

Entre tous, se faisait remarquer un compatriote de Jean Pecqueur, qui comptait déjà deux années d'Afrique. Quoique né sur les bords de l'Adour, à Rabasteins, petite ville qui fut jadis célèbre du temps de Blaise de Montluc, mais qui est aujourd'hui bien tombée et bien déchue de son ancienne splendeur, il avait une verve de conteur qui réduisait au silence même les Parisiens. C'était un type accompli de Gascon, gouailleur, hâbleur et batailleur tout à la fois. Dans tout le régiment on proclamait qu'il n'avait pas son pareil pour la bravade, mais on savait aussi que, le jour de la bataille, il ne laissait à personne sa part d'action.

— La Crimée, c'est bon, dit-il en s'adressant directement au vieux soldat. Nous savons qu'il y a eu là des affaires où il faisait chaud. Quoique vous fussiez des lapins durs à cuire, les Russes n'étaient pas commodes du tout; et si je m'en rapporte aux anciens tels que toi, fallait les tuer trois fois pour être bien sûrs qu'ils fussent morts. Mais nous n'y étions pas, nous autres, et probablement nous n'y retournerons pas de sitôt. Pays, qu'on ne verra pas, rayé. N, i, ni, c'est fini. N'en parlons plus; ça ne sert pas à grand'chose. Parlons de l'Italie où nous sommes, ou de l'Afrique où nous nous retrouverons.

— C'est bien, voyons : pas tant de périphrases, dit le vieux troupier. Si tu as quelque chose à nous dire, nous t'écoutons.

— Je crois bien que j'en ai à dire, et pour longtemps encore, et pour toute ma vie. Si je retourne jamais dans mon pays, j'espère bien en dire de longues à toutes les veillées de Noël. J'en ai pour les jeunes filles, pour les jeunes garçons, et même pour les anciens. Et on m'écoutera, comme nous vous avons tous écouté, père Zou-Zou.

— Faudra bien, mon petit .. Mais c'est pas de ça qu'il s'agit. Si tu as quelque histoire, faut la dire aux camarades.

— Je vois que cette histoire de passer le temps. Et bien! je m'exécute pour n'avoir pas l'air de me faire tirer l'oreille comme un troubade de quatre sous.

— Et Pierre Bénafort se moucha, toussa, cracha, pour chercher son inspiration et se donner de l'aplomb.

— Pour lors, dit-il, après avoir bien pris son temps, je ne sais rien de plus joli que notre histoire de Palestro. Nous nous sommes battus comme de braves gens que nous sommes, et nous avons fait honneur à la province de Constantine, qui nous a vus partir à regret.

— Ça, c'est vrai.

— Et les jeunes se sont montrés dignes des vieux, n'est-ce pas, père Zou-Zou!

— Encore plus vrai.

— Donc, ne parlons plus de ces bagatelles, ça sera bon pour les gens du pays, quand nous les reverrons. Puis, quoi! nous étions en bonne et glorieuse compagnie, et c'eût été du propre si nous n'avions pas fait quelque chose pour ce roi qui se battait et s'exposait comme le plus brave d'entre nous. Pour moi, j'ai eu peur, oh! mais là sérieusement peur, quand je l'ai vu s'avancer sur son grand cheval, comme à une parade. Deux ou trois chasseurs à pied de l'autre côté et c'en était fait; on l'aurait descendu comme une caille quand les blés sont coupés. Dans la plaine de Tarbes, au pays, cinquante de mes camarades que je connais ne l'auraient pas manqué. Quand j'ai vu ça, j'ai voulu l'arrêter. Avec les camarades, je me suis jeté à la tête de son cheval et j'ai voulu qu'il nous laissât faire la besogne tout seuls. Mais lui n'a pas écouté de cette oreille. — Mes amis, nous a-t-il crié, il y a ici de la gloire pour tout le monde. Laissez-moi prendre une part, je n'empiète pas sur la vôtre. Alors, ma foi, j'ai pensé qu'il valait mieux le laisser faire, et j'avais bien raison, puisqu'il ne lui est pas arrivé de mal. Mais, le soir, j'ai cru qu'il était bien à nous de nous rappeler ce qu'il nous avait dit d'agréable, et j'ai proposé aux camarades de la compagnie de lui envoyer les galons de caporal. Il y avait deux places vacantes, puisque nous avions perdu deux sergents, et, pour l'une au moins, personne ne l'avait mieux gagnée que lui. On a fait comme j'avais dit, et il a vu tout de suite d'où lui venait cette attention et il a accepté.

Mais tout cela vous le savez aussi bien que moi et je vous amuse aux bagatelles de la porte. L'intéressant de mon histoire, le voici. Le lendemain, quand nous nous occupions à déblayer le champ de bataille et à compter un peu nos conquêtes et notre butin, malgré l'atout que j'avais reçu à la tête et qui, sans mon turban, aurait bien pu me faire passer le goût du pain, je ne voulus pas manquer une si belle occasion de m'amuser un peu. Je fus donc des premiers auprès des pièces de canon qui étaient restées en notre possession, mais absolument privées de leur attelage. Ce n'était pas une raison pour les laisser languir dans leur coin. Aussitôt je proposai de les traîner à bras d'homme, jusqu'au parc où on pourrait les tenir en réserve. Les zouaves trouvèrent l'idée plaisante. Ils s'attelèrent les premiers, et les prisonniers autrichiens qui n'étaient pas endommagés donnèrent un coup de main. Pour moi, on me plaça à cheval sur la première pièce qui devait défiler, et, avec mon cataplasme sur le front, je devais faire une assez drôle de mine. Tout allait pour le mieux et nous nous serions amusés comme des bossus à ce travail, lorsque nous rencontrons tous les états-majors de la terre, le roi au milieu, et nous défilons devant tout ce monde. Il y aurait eu là de quoi interloquer de plus timides que les zouaves. Mais ça ne servit qu'à nous faire rire de plus belle.

Le roi reconnut aussitôt les braves gens au milieu desquels il avait combattu la veille au plus fort de la mêlée. Quoique toutes nos frimousses aient de certains points de ressemblance, cependant on nous distingue encore assez bien à de certains signes particuliers. Il faut le croire, puisque le roi en nous saluant fort courtoisement, fit signe à un de ses aides de camp de venir nous parler. Il vint en effet, un peu plus bas, prit les noms de trois d'entre nous, juste les trois qui avions pris le cheval du roi par la bride pour l'empêcher d'avancer. Cet officier nous dit, comme venant du roi, des paroles qu'on est toujours heureux d'entendre, et qui nous firent grand plaisir. Ces paroles je les ai oubliées, mais non pas l'effet qu'elles produisirent sur les camarades et sur moi. Bravo! moi, je me battrai encore volontiers pour ce roi!

— Vous avez bien raison, dit d'une voix grave et douce Albert de Basso-Campo, qui, d'ordinaire aussi, se contentait du rôle d'auditeur. Il y avait longtemps que l'Italie attendait un roi de la taille de Victor-Emmanuel. Son père, dont vous n'avez peut-être jamais entendu parler parce que vous n'êtes pas Italiens, est mort martyr de la noble cause que son fils fera triompher avec l'aide de la France. Vous êtes tous de nobles cœurs, et vous comprendrez ce que je vais vous dire. Aujourd'hui tout ce qui est homme parmi nous, tout ce qui sent son cœur bondir noblement quand on prononce le doux nom de patrie, ne rougit plus d'être Italien. Il n'en était pas de même il y a quelques années. Nous vivions sous une oppression constante. Que nos princes fussent du même sang que nous, peu importait ! ils n'en acceptaient pas moins la domination étrangère.

XI

Albert se tut, comme pour n'écouter que ses pensées. Puis, voyant tous les yeux fixés sur lui, il reprit :

— Pour que l'Italie se réveillât de son long sommeil, il a fallu le concours heureux de nombreuses circonstances. Mais quand l'occurrence propice s'est offerte, les hommes n'ont pas fait défaut Ils ont surgi de partout, tant il est vrai que rien ne s'accomplit qu'à son heure. Voyez, vous nous trouverez partout à côté de vous sur les champs de bataille, nous autres qu'on accusait de ne pouvoir vivre que dans le luxe, la mollesse et les plaisirs. Quand la patrie a réclamé nos bras, nous avons su tout quitter en souriant et la mort nous sera douce pourvu que nous entrevoyions l'aurore de la délivrance. Ce que je vous dis ici, vous pourriez l'entendre à cette heure d'un bout à l'autre de l'Italie. Tous vos camarades l'entendent sur quelque point de notre territoire. Nous ne sommes pas assez forts encore pour marcher seuls, mais, croyez le bien, nous ne reculerons pas plus où que ce soit que vous ne nous avez vu reculer à Palestro et à Traktir. Notre armée est jeune, mais elle a déjà ses héros. Voyez dans le Nord, du côté où les Alpes semblent entièrement appartenir à l'Autriche, l'Italie a toutes ses grandes familles représentées dans les rangs de ceux qui combattent avec Garibaldi. Cet homme, qui nous rappelle nos aïeux des grandes races et des grandes époques guerrières, marche indépendant comme un partisan intrépide; mais il fera sa trouée, soyez-en sûrs.

Jean Pecqueur profita d'un nouveau silence pour interroger Albert de Basso-Campo sur Garibaldi.

— Cet homme, répondit Albert, est l'Italie incarnée. Interrogez le premier habitant venu de la rivière de Gênes, il vous racontera l'enfance et la jeunesse aventureuse de ce héros légendaire. Au physique, c'est un homme de moyenne taille, large d'épaules, avec les cheveux et la barbe d'un blond doré. Au moral, il faut le voir, le connaître et l'aimer, mais non essayer de le dépeindre. Toutes ses actions n'ont qu'un but, la délivrance de l'Italie, Là est la passion de sa vie entière. Pour cette idée, il est toujours prêt à tout sacrifier, à tout jeter au vent avec une abnégation sans pareille. Titres et honneurs ne peuvent rien sur ce cœur de bronze. C'est pourquoi cet homme est devenu, presque malgré lui, le drapeau de l'Italie ressuscitée. Et cependant sa vie est pleine d'actes charmants, et son cœur a connu les plus douces émotions. S'il a pris la route du lac de Come, c'est que par là, peut-être, il espère arriver jusqu'à Venise. Il veut revoir ces lagunes et cette terre sacrée à laquelle il a confié le corps de sa femme, tuée à ses côtés par une balle ennemie.

Albert s'arrêta un instant, comme pour calmer un sentiment trop vif.

— On accuse souvent, continua le jeune volontaire, les natures méridionales, et les natures italiennes en particulier, d'apporter beaucoup d'ardeur dans leurs passions, mais en même temps beaucoup de légèreté. On ne saura jamais à quelles profondeurs peut descendre un sentiment dans une organisation comme celle de Garibaldi. Cette femme qu'il a perdue à Venise pendant le siège mémorable de cette ville, en 1859, quand elle essayait, sous Manin, de reconquérir son indépendance et son existence individuelle, avait été la compagne des misères, des labeurs, des plus singulières aventures de notre Garibaldi errant et proscrit sous toutes les latitudes. Les femmes de Chioja l'ont pieusement ensevelie et lui ont élevé un mausolée agreste avec des fleurs et des cyprès dans leur cimetière de campagne. Dix ans auront bientôt passé sur cette douleur, et le deuil règne toujours dans le cœur de cet Italien. L'an passé, j'ai eu la bonne fortune de me trouver avec lui dans les environs de Nice. Les hasards d'une conversation toute nationale nous amenèrent à parler de Venise. Aussitôt je vis la figure de Garibaldi prendre une expression de tristesse indéfinissable que je ne lui connaissais point et il détourna la tête pour nous cacher pudiquement les larmes qu'il essayait vainement de retenir dans ses yeux.

Quand il parvint après quelques minutes à maitriser son émotion, Garibaldi nous parla de celle qui avait été la compagne de sa vie aventureuse. Quand vous serez plus familiarisés avec notre langue, quand vous pourrez saisir notre façon d'exprimer les moindres nuances de nos sentiments, vous verrez que nous ne sommes pas le peuple vain, léger et mobile qu'on représente toujours en Europe. Jamais, si ce n'est dans nos grands poëtes, je n'avais trouvé un homme s'exprimant sur sa femme, les douceurs du mariage et les bonheurs de la famille, comme le faisait Garibaldi dans cet entretien entre amis, qu'il termina en nous disant : « Sans doute, il est doux et beau de mourir pour la patrie, mais aussi nul n'est heureux s'il ne sait vivre près de la femme aimée quand la patrie est libre. »

Ce style élevé auquel s'était peu à peu laissé aller Albert de Basso-Campo en parlant de Garibaldi n'était guère celui qui convenait le mieux à l'auditoire auquel il s'adressait. Il fut le premier à s'en apercevoir, mais après s'être laissé entraîner par les tendances de son éducation distinguée. Ce que l'on demandait autour de lui, c'étaient surtout des récits militaires, comme en avait su faire le vieux zouave. Mais Albert, qui aurait pu faire un cours d'histoire aussi bien qu'un professeur à l'université de Pise, n'avait guère les allures du soldat. Il en était encore à ses débuts, et sa première affaire avait été le combat de Palestro.

Néanmoins, pour réparer autant qu'il était en son pouvoir l'innocente bévue qu'il venait de commettre, il se leva pour appeler les gens de service, et en se levant il engagea un vieil Italien qui lui avait dans la journée apporté des nouvelles de sa famille, à retrouver dans sa mémoire quelque souvenir de guerre d'autrefois.

XII

Car ce vieillard était un de ces hommes que l'ancien royaume d'Italie envoyait, sous le premier empire, dans les régiments français. A la boutonnière de sa veste, ravagée par le temps, pendait la médaille de Sainte-Hélène, et Pietro se redressait avec fierté de toute la hauteur de sa taille, quand on lui parlait de ses anciennes campagnes. Difficilement on aurait trouvé une tête plus belle et d'un caractère mieux accentué. Un peintre aurait payé fort cher un semblable modèle.

Des cheveux blancs comme la neige tombaient en boucles ondoyantes jusque sur ses épaules. Un nez aquilin se mariait admirablement aux lignes vigoureuses du visage, et l'œil avait, malgré les années, conservé sa vigueur, et le regard sa vivacité. Ajoutez à cela une prestance sculpturale, des gestes qui accompagnaient harmonieusement la parole, et vous aurez en quelques lignes le portrait de Pietro.

— Autrefois, dit le vieillard répondant à l'interpellation d'Albert de Basso-Campo, je n'ai rien vu de pareil à ce qui se passe aujourd'hui. Et cependant mes souvenirs datent de loin et j'ai vu passer bien du monde, bien des soldats et bien des généraux dans ces plaines dont chaque nom est devenu un nom plus ou moins fameux de bataille. Promenez-vous où vous voudrez d'ici à la mer Adriatique, partout, quand il pousse la charrue dans les champs, le laboureur est exposé à faire sortir du sol des boulets perdus, des biscaïens, des sabres rongés de rouille, heureux s'il ne rencontre pas de grands ossementss... Je puis le dire, mon enfance a été bercée au bruit du canon et les premières impressions qui ont vivement frappé mon esprit à l'âge heureux de la jeunesse sont des impressions de batailles. Connaissez-vous Montebello?

— Parbleu! si je le connais, dit une voix jeune et fraîche, je suis payé pour cela. Demandez à ma jambe...!

Celui qui parlait ainsi était un soldat presque imberbe. Quand je dis soldat, j'aurais mieux fait de dire sous-officier. Car Anatole Fusié portait les galons de sergent-major sur sa tunique d'ordonnance et ces galons avaient été bien gagnés.

Rien qu'à le voir on aurait deviné qu'Anatole Fusié n'appartenait en aucune façon à ces robustes populations des campagnes qui fournissent à la France la majeure partie de ses soldats. Et soit dit entre nous, l'impôt du sang leur pèse fort lourd, malgré le dire de certains généraux ambitieux qui écrivent des brochures anonymes. D'une assez bonne famille de bourgeois parisiens, Anatole avait suivi les cours de nos colléges et se préparait à entrer à l'École centrale des arts et manufactures.

Quand éclata la guerre de Crimée, il se fit dans toutes les écoles un grand bruit auquel les hommes graves et sérieux ne prêtèrent aucune attention. La jeunesse est toujours enthousiaste; l'ardeur et la foi vive sont un de ses plus beaux apanages, ne l'en dépouillons pas sous le prétexte fallacieux de la mettre en garde contre les déceptions. Nulle part on ne suivit avec une attention plus anxieuse que dans les lycées toutes les péripéties de ce drame qui se jouait devant Sébastopol. Il en résulta que pour s'être trop occupé de politique militaire, plus d'une jeune cervelle perdit le fil des études commencées, et quand arriva l'heure des examens, on ne put satisfaire aux exigences des examinateurs.

Anatole Fusié fut de ceux auxquels arriva ce petit malheur. Mais de tous ses camarades il fut peut-être celui qui s'en consola le plus aisément et en prit le plus gaiement son parti.

Depuis six mois, il ne rêvait qu'uniformes militaires, champs de bataille, épaulettes d'or, croix d'honneur. Tout cela tourbillonnait dans sa tête et plaçait sans cesse devant ses yeux les perspectives du plus séduisant mirage. Quant aux fatigues et aux ennuis du métier, personne n'en parle dans les colléges quand les soldats de la patrie sont devant l'ennemi et ajoutent chaque jour quelques feuilles au laurier national.

Aussi Anatole Fusié annonça-t-il sa déconfiture à sa famille avec une gaieté qui aurait pu paraître hors de saison à bien des gens. Mais le jeune homme avait son projet en tête, et cet échec le servait à merveille.

Dès le lendemain il dit à ses parents que puisque les carrières civiles se fermaient devant lui, sa résolution était prise : il voulait tenter la fortune militaire et qu'il allait s'engager. Comment fut accueillie cette proposition, on le devine aisément. Anatole était fils unique, et il n'avait jamais donné de ces chagrins qui incombent à toutes les familles quand les enfants sont *mauvais sujets*. Le père s'épuisa en raisonnements, la mère se contenta de pleurer, — larmes plus éloquentes que toutes les paroles ! Mais tout fut inutile. Larmes et paroles furent dépensées en pure perte. Anatole resta inébranlable.

Il fallut céder. Le père accompagna son fils au bureau des enrôlements volontaires, et, pour combler la mesure, il lui vit choisir un régiment de ligne qui se trouvait alors en Afrique. Passons sur ses adieux, les déchirements maternels et les recommandations. Arrivons à Constantine, ou plutôt à Sétif, où Anatole eut achevé son apprentissage en quelques semaines, et disons que de là il entra en campagne dans la Kabylie. Dans cette guerre obscure, il se fit remarquer par sa bonne conduite et sa bonne tenue. Anatole avait pris au sérieux la carrière de son choix. Aussi avançait-il rapidement. Tous ses premiers grades lui furent donnés le jour même où il atteignait le temps réglementaire, il fut fait sergent-major sous les murs de Gênes, quelques jours après le débarquement, et il comptait bien avec un peu de chance avoir l'épaulette avant la fin de la campagne. Alors il serait heureux de venir embrasser sa mère qui le pleurait toujours.

— Vous nous parlez de Montebello! reprit Anatole quand il vit que son apostrophe au vieillard avait attiré sur lui toutes les attentions. Mais vous n'ignorez pas que si l'on s'y est battu autrefois, c'est par là que nous avons aussi commencé notre campagne d'Italie. Les vieux de la vieille auraient été satisfaits, je vous assure, s'ils avaient vu de quelle façon nous avons travaillé. On parlera de nous comme de braves gens ; car nous aussi nous méritons qu'on raconte nos œuvres comme on a raconté celles de nos pères. On fera des pièces de théâtre avec nos combats, et le public parisien ira les voir jouer au Cirque, comme j'y ai été vingt fois, quand on jouait *Murat* ou les *Grands Maréchaux*. Et la peinture aussi s'en mêlera, parcequ'il faut que tous les arts célèbrent notre gloire. On fera de grands tableaux pour nous représenter dans des moments où nous ne faisions guère attention à nos gestes. Tenez, rien que le dernier moment de notre Montebello, voilà un beau sujet pour un peintre! Figurez-vous que nous venions de culbuter entièrement les Autrichiens et de nous rendre définitivement maîtres de la position. Personne ne nous disputait plus notre conquête; elle nous avait coûté assez cher pour qu'on nous la laissât. Nous étions encore pêle-mêle et on allait essayer de mettre un peu d'ordre en déblayant le terrain.

XIII

Or, pendant cette besogne, tout à coup notre général paraît. Il venait faire son inspection du champ de bataille après la victoire. Ce dut être un fier moment pour lui, lorsque soudain, sans mot d'ordre parti d'aucun côté, il se vit entouré par des soldats de toutes armes, noircis de poudre, souillés de sang et de poussière, valides, blessés, tous ensemble, se ruant au hasard autour de son cheval pour presser sa main et voir de près sa figure, qui rayonnait d'un légitime orgueil. Et tous, officiers et soldats, l'ont chaleureusement acclamé avec un enthousiasme que je ne puis vous décrire. Nous étions tous dans un de ces moments de fierté qui grandissent l'homme. Nous venions de recevoir notre baptême et de remporter notre première victoire sur l'ennemi nouveau contre lequel nous faisons campagne.

— Tout cela, major, c'est très-bien. Je crois

comme vous qu'on fera un beau tableau en vous plaçant autour du général. J'en ai vu comme ça quand nous étions à Versailles..... Mais vous ne nous dites pas comment s'est passée la bataille.

Celui qui parlait de la sorte était un de ces soldats rendus célèbres par la caricature, sous la qualification de Jean-Jean.

— C'est juste, mon ami, répondit Anatole Fusié. Eh bien! regarde les boutons de ma capote. Qu'y vois-tu?... Sais-tu lire?

— Oui, major... Voyons, 7 et 4... cela fait que vous êtes du 74ᵉ de ligne...

— Comme tu le dis.

— Après ; je suis du 101ᵉ, moi.

— Donc, le chiffre ne te dit rien?

— Non, major.

Anatole, à cette réponse catégorique, pensa que la gloire collective est souvent bien peu de chose. Mais il garda sa réflexion pour lui même, se contenta de sourire et continua son récit.

—Le 74ᵉ auquel j'appartiens est commandé par le brave colonel Cambriels qui tiendrait tête à toute l'armée autrichienne avec une poignée d'hommes, sans reculer d'une semelle. C'est le 74ᵉ qui a eu les honneurs du premier engagement. Nous apprîmes que l'ennemi avançait prenant position sur les hauteurs de Genestrelle et de Montebello. Quelques escadrons de cavalerie piémontaise gênaient seuls son mouvement offensif qui pouvait d'un instant à l'autre devenir dangereux pour toute l'armée. Nous étions là deux bataillons à peine, qui nous serions fait tuer jusqu'au dernier homme, pour donner aux autres le temps d'arriver. S'il en tombait, nous serrions les rangs et tout était dit. L'artillerie avait beau nous envoyer ses boulets et ses volées de mitraille, la mousqueterie nous canarder à bonne portée, peine perdue: le colonel Cambriels nous avait recommandé de ne pas broncher, et nous ne bronchions pas. Nous savions que de notre résistance et de notre fermeté dépendait le salut de l'armée. Enfin, le 98e et le 91e de ligne se montrèrent et nous permirent de prendre l'offensive. Pendant que le général Blanchard se précipitait à la tête de ses hommes sur Genestrelle, nous autres, sous les ordres du général Beuret, nous fîmes une conversion pour tourner les hauteurs de Montebello et entrer plus aisément dans le village. Si l'attaque fut impétueuse, je n'ai pas besoin de vous le dire. Nous étions trop peu de monde en face des forces imposantes qui nous étaient opposées pour nous amuser aux bagatelles de la porte. Le général Beuret nous donnant l'exemple, nous gravîmes lestement les hauteurs dont la possession était si favorable aux projets de l'ennemi. L'artillerie nous secondait merveilleusement. Partout où elle pouvait atteindre, elle faisait place nette.

C'est ainsi que nous abordâmes le village de Montebello, dont les maisons étaient pour la plupart encore occupées par les Autrichiens. Il nous fallut les déloger à la baïonnette, et quand, à notre tour, nous eûmes pris position, il nous fallut encore livrer bataille pour assurer notre conquête.

Mais là un grave malheur nous attendait.

Le cimetière de Montebello avait été par l'ennemi transformé en une espèce de place d'armes dans laquelle il s'était fortifié, espérant s'y réfugier. A l'abri derrière les murailles il nous canardait comme à la cible et sans utilité aucune pour nous et les nôtres. Le général vit bien que c'était une position à enlever de haute lutte. Il nous massa en colonne et se plaçant à notre tête, bien en vue, il fit battre la charge et nous cria : En avant !

Nous partîmes comme des flèches. Mais notre élan fut arrêté soudain. Le général, frappé d'une balle en pleine poitrine était tombé de son cheval. Il ne devait plus se relever.

Cette mort aurait pu jeter quelque trouble et quelque indécision ; mais parmi nous, quand un chef tombe, il y en a toujours un autre pour le remplacer. Ici ce fut le général en chef qui se mit à notre tête, le général Forey, auquel revient tout l'honneur des dispositions prises dans cette mémorable journée. Entraînés par son exemple, nous eûmes bientôt franchi les murs du cimetière comme s'ils eussent été à fleur de sol, et quelle que fût l'obstination des Autrichiens, ils furent bientôt obligés de céder la place à notre impétuosité. — Voilà la moderne bataille de Montebello, et, quoi qu'en puissent penser les anciens, je crois qu'elle est la digne sœur de son aînée.

— Sans doute, sans doute, dit le vieux zouave, qui avait écouté ce récit avec une attention marquée.

— Il y manque une chose, dit le jeune soldat qui avait déjà interrompu.

— Et laquelle?

— Le major n'a pas dit la machine de sa jambe.

— Tout le monde se mit à rire, mais comme l'observation était juste, il fallut que le major Fusié racontât comment, en escaladant le mur du cimetière, il était tombé nez à nez devant un Autrichien. Celui-ci, voulant lui envoyer sa baïonnette dans le ventre, s'était trompé de chemin, et la baïonnette n'était entrée que dans la cuisse.

Ce nouveau récit, fait sur un ton burlesque, acheva de jeter une grande gaieté dans la réunion, si grande qu'on paraissait avoir oublié complètement comment avait été prononcé le nom de Montebello. Mais Pietro ne l'avait pas oublié, et il attendait tranquillement, dans son coin, que son tour fût enfin venu de raconter son histoire du temps passé.

XIV

Ce tour ne serait peut-être jamais arrivé si Albert de Basso-Campo ne s'en était un peu mêlé. Il intervint brusquement.

— Mes amis, dit-il, l'histoire présente est bonne à savoir; c'est même, selon moi, la meilleure de toutes. Mais quand l'occasion s'offre naturellement de faire connaissance avec quelques lambeaux d'histoire ancienne, je ne crois pas qu'il soit convenable de la laisser échapper. Il y a toujours quelque bon enseignement à recueillir dans ce qu'ont fait nos pères, soit que nous devions les imiter, soit que nous devions tenir une conduite différente de la leur. C'est pourquoi je vous engage à céder pour quelques instants la parole à Piétro.

— Volontiers, s'écria-t-on de tous les coins du cercle.

— Parle, mon vieux serviteur, ajouta le jeune Italien. Nous t'écoutons.

— Donc, vous connaissez Montebello, dit le vieillard sans se faire tirer l'oreille, c'est bien ! Vous connaîtrez bientôt Marengo, si vous ne le connaissez déjà ; car l'un n'est qu'à quelques pas de l'autre. C'est là que j'ai vu vos pères et vos grands pères, il y a bientôt soixante ans. Eux aussi étaient rudes. Ce n'est pas la première fois que je faisais connaissance avec eux. Déjà deux années auparavant je m'étais trouvé sur leur chemin et j'avais admiré la figure singulière dans sa beauté de leur jeune général. Moi j'étais un enfant alors. J'aurais pu porter à peine sur mon épaule le lourd fusil que j'ai manœuvré depuis. Je me souviens néanmoins de tout cela comme si c'était hier. Nous autres Italiens, nous aimions les Français et nous avions confiance en eux. Ils nous disaient des paroles qui nous mettaient le feu au sang et ils auraient fait de nous tout ce qu'ils auraient voulu.

Mais je m'éloigne de mon récit.

Donc, deux ans avaient plus que suffi pour changer complètement la face des choses. Quand le jeune général en chef Bonaparte n'était pas là, les Français n'étaient guère plus victorieux, et ils avaient même peine à tenir la campagne. Tant il y a que, revenant d'Égypte et s'étant fait proclamer premier consul, Bonaparte ne voulut pas laisser aux Autrichiens ces pays qui avaient été témoins de ses premiers triomphes. Son armée descendit des Alpes au moment où on ne l'attendait guère. On croyait qu'il lui faudrait bien encore un mois ou deux pour la réunir et la former. Mais ce n'était pas un homme qui s'endormait commodément et il ne fallait pas qu'on fût endormi autour de lui. Je l'ai bien connu depuis lors, et vous pouvez vous en rapporter entièrement à un homme qui l'a vu à l'œuvre. Nous vîmes arriver les Français avec joie et nous dîmes que bientôt la chanson allait changer d'air. Nous ne nous trompions pas. En quatre mois, le premier consul avait mis à la tête de ses soldats des généraux qu'il connaissait comme s'il les avait lui-même mis au moule et qui étaient adorés des troupes qui les voyaient toujours au premier rang. Il y en avait un surtout qui a laissé parmi nous un grand souvenir : c'est le général Lannes qui, plus tard, devait devenir maréchal et être fait duc de Montebello. Celui-là avait une organisation et une conformation singulières : il pouvait s'exposer aux balles impunément ; elles le touchaient, mais ne parvenaient pas à fracasser ses os.

— En voilà un qui avait de la chance ! s'écrièrent en chœur tous les jeunes soldats attentifs au récit prolixe du vieillard.

— Ce que je vous dis là, reprit le vieillard, est l'exacte vérité du bon Dieu. Tous mes contemporains qui ne sont plus guère nombreux dans ces plaines pourraient vous le raconter comme moi, car tous nous l'avons vu. Une balle vint le frapper à la jambe. Un autre en aurait eu le membre perdu. Mais le général Lannes en fut quitte pour une déchirure des chairs. La balle contourna les os en s'aplatissant sur eux, comme sur une cuirasse. Du reste, il lui fallait un peu cela pour s'exposer comme il le faisait à la tête de ses soldats. A la bataille de Montebello, par exemple, on le vit toujours au premier rang, intrépide comme le plus brave de ses grenadiers et conservant au milieu de l'animation et de l'ivresse générale, un sang-froid admirable qui lui permettait de diriger tous les mouvements de ses troupes comme à la manœuvre. Et à Marengo ! C'est là qu'il fut admirable. Figurez-vous qu'il y avait là un village et un château de San Giulano qui servait de clef à toute la position. Les Français apportèrent à l'attaque un acharnement rare. Mais ils étaient trop peu nombreux et trois fois, malgré les efforts de Lannes et de Victor, ils furent obligés de se mettre en retraite. La plaine était jonchée de morts. La défaite des Français paraissait certaine et déjà les soldats autrichiens mettaient au bout de leurs fusils les grands bonnets à poils des grenadiers de la garde consulaire qu'ils trouvaient sur leur chemin.

Mais tout n'était pas encore fini, et c'était un peu trop se hâter de triompher.

Une heure après, le triomphe avait changé de drapeau, et ce bel étendard tricolore, que nous aimerons toujours, conduisait les siens à une victoire superbe.

Un ami particulier du général en chef, habitué à partager toutes les émotions de sa vie, entendant le canon, était accouru sur le champ de bataille avec sa division. Cette arrivée à l'improviste remit tout en question et changea la situation de face. En un clin d'œil, les Français rentrent en ligne, et vers la fin de la journée, la bataille recommença, plus ardente, plus furieuse encore que le matin. Les troupes consulaires qui n'avaient cédé qu'accablées sous le nombre, brûlent de venger et de réparer cette espèce d'échec. Les chefs n'ont d'autre souci que de bien diriger cette ardeur. Jamais on ne vit émulation plus belle. Certes, il n'y avait guère de vieillards dans cette armée, tout le monde était jeune, les généraux, les officiers, les soldats; il n'y avait qu'à les voir marcher, qu'à les voir courir à la mort ou à la victoire pour les distinguer avec certitude. Ce renfort de quelques troupes fraîches avait complètement fait oublier aux Français les fatigues d'une rude journée, tandis que les Autrichiens qui se tenaient pour assurés d'avoir vaincu, furent tout décontenancés de ce retour offensif. Je puis vous le dire, c'était superbe à voir.

Une heure suffit pour regagner tout le terrain perdu depuis la matinée, et comme ce suprême effort avait donné le temps d'arriver à tous les bataillons attendus depuis le matin, la prise de possession de Marengo ne fut qu'un jeu pour ces troupes enthousiasmées au-delà du possible par l'intrépidité de leurs chefs. Quand vous irez dans ces quartiers, vous pourrez vous rendre compte des difficultés de la lutte; rien n'est changé à ce merveilleux champ de bataille. Ce sont toujours les mêmes collines, la même plaine, les mêmes bouquets d'arbres, le même terrain. Vous ne pourrez pas voir tout cela sans émotion et la preuve c'est qu'un Italien comme moi sent que les larmes lui viennent aux yeux quand il y pense; car moi aussi j'avais alors devant moi une longue carrière à parcourir, et déjà j'aurais voulu porter le fusil.

Cependant la victoire fut chèrement achetée; plusieurs de ceux qui avaient le plus vaillamment combattu ne virent pas le soleil du lendemain. La mort la plus regrettable sans contredit, fut celle du jeune général, ami du Premier Consul, dont l'arrivée avait ramené la victoire sous le drapeau tricolore. On l'appelait Desaix; c'était un homme de mœurs simples, austère et doux, qui aurait pu être donné en modèle à toute l'armée, aussi bien aux soldats qu'aux généraux. Sa perte fut un deuil public, je pourrais dire une calamité : tout le monde le pleura sincèrement, parce que de tout le monde il était autant aimé qu'estimé. Ce fut à la tête de ses grenadiers qu'il fut frappé, lorsque lui-même avait pris le commandement du poste le plus périlleux, pour être assuré de voir toutes les dispositions nouvelles tourner à bien.

A Marengo, si vous visitez le château et si vous prenez un *cicerone* pour vous faire expliquer la bataille, le *cicerone* vous parlera beaucoup de Desaix. Il vous dira bien des choses que j'ignore sur les derniers moments de ce général, sur les honneurs qui lui furent rendus, et sur les monuments qu'on a élevés à sa mémoire.

J'ai été bien souvent me promener de ce côté-là, et j'ai rendu visite à Giacomo, parce que c'est un ancien d'Italie qui, du temps du vice-roi, a combattu comme moi sur les bords du Raab en Transylvanie et devant les grandes redoutes de la Moskowa. Tous les deux nous avons connu Murat-

quand il était roi de Naples, et nous aimons à nous raconter de vieilles histoires qui nous aident à passer le temps. Il m'a bien souvent dit le combat de Montebello et la bataille de Marengo tels qu'il les a appris dans les livres pour les raconter aux voyageurs. J'aime mieux n'écouter que mes souvenirs. J'ai cependant retenu de Giacomo que lorsque le premier consul apprit qu'une balle avait frappé Desaix et que son ami était en danger de mort, le général Bonaparte envoya sur-le-champ auprès du blessé son aide de camp favori. Desaix se releva un instant pour recevoir ce message et dit d'une voix expirante :

« Rapportez au premier consul que je meurs avec le regret de n'avoir pas assez fait pour la patrie. »

Belles paroles, mes amis, et que tout le monde devrait savoir par cœur, comme l'oraison dominicale.

Voilà tout ce que j'avais à vous dire sur ces deux grandes batailles de mon temps.

Ayant ainsi parlé, Piétro tira de sa poche une vieille pipe dans laquelle il fourra quelques grains de tabac et se reposa en fumant.

XV

Tout le monde avait écouté les histoires du vieil Italien comme on écoute la lecture d'un livre qui instruit, mais qui ne nous touche par aucun côté de notre vie. Décidément les conteurs italiens n'avaient que des succès d'estime à Ventiglia.

Le vieux zouave chevronné comprit que pour l'honneur du corps auquel il appartenait on ne pouvait en rester là.

— Mes amis, dit-il de sa voix rauque...

Aussitôt toutes les têtes se relevèrent et l'attention fut acquise au vieux zouave.

— Si vous voulez bien le permettre...

— Nous permettons.

— Je vous dirai une autre histoire de Sébastopol...

— Accordé.

— Que l'on vient de me rappeler en racontant ces morts de généraux.

— Vas-y donc, c'est accordé... on t'écoute.

— Pour lors, je commence.

Et le vieux troupier, pour éclaircir sa voix, se rinça le gosier avec un verre d'eau-de-vie.

— Nous étions de service dans la tranchée. Il n'y faisait pas bon. Pas mal de coups à recevoir et fort peu à donner. Ça nous allait tout juste. Nous aurions préféré autre chose. Mais suffit. Ce qui est passé, n'en parlons plus. Tout à coup il nous arrive un vent qui nous fait penser que l'ordre va être changé. Effectivement on nous fait quitter les pioches et prendre les fusils. Puis arrive dans le tuyau de l'oreille : Sur la gauche en avant ! C'est bon. Nous étions joyeux ; nous allions rire. Derrière les gabions, les zouaves marchaient en silence. Ils avaient rabattu le capuchon sur la tête et le fusil ne paraissait que par un tout petit bout. Mais gare là-dessous. Au bout du chemin couvert, qu'allions-nous rencontrer ? C'était le mystère, et le zouave est mystérieux de son naturel.

Cette définition du zouave excita un rire universel qui permit au vieux troupier de reprendre haleine.

— Vous riez, dit-il quand l'accès fut passé, c'est bon. Si vous aviez quinze ans d'Afrique comme moi, vous sauriez que je ne vous dis là que la vraie vérité du bon Dieu. Silence, mystère, l'oreille et l'œil ouverts, voilà notre devise. Chez les Moricauds nous avons travaillé plus la nuit que le jour, et ce n'est pas dans l'ombre que nous avons fait la plus mauvaise besogne. Avec les chacals, il faut savoir vivre de toutes les façons. Nous n'y avons pas manqué, on le sait. Mais revenons à notre affaire.

Donc, nous étions là une centaine, encapuchonnés comme de vrais moines et cheminant sans trop savoir où nous allions. Tant que nous fûmes couverts par les gabions et les revêtements de la tranchée, cette façon d'aller ne nous déplaisait pas du tout. Quand nous arrivâmes au point où notre travail de retranchement n'était qu'ébauché, celui des nôtres qui tenait la tête s'arrêta brusquement et nous l'imitâmes pour ne rien contrarier par trop de précipitation.

C'était le caporal Prinsèque qui marchait le premier, et jamais vous n'avez vu et ne verrez de votre vie un gaillard plus futé que celui-là. Il aurait trouvé des ruses à en revendre au plus fin. S'étant donc jeté à plat ventre, il se mit à ramper comme une couleuvre pour voir ce qui se passait dans le pays découvert.

Fallait voir comme nous étions tous attentifs au moindre geste, au moindre signe, au moindre bruit. C'est qu'il n'y avait pas à dire : la plus légère imprudence pouvait nous compromettre et nous perdre sans retour. Dans une semblable occurrence, chacun est solidaire de son voisin, et il est bon que toute la troupe se tienne par la main, prête à obéir au doigt et à l'œil. Il y avait bien deux minutes que nous étions ainsi dans l'expectative, lorsque de l'un à l'autre nous arriva l'ordre d'aviser à nos amorces et de mettre la baïonnette au bout du fusil. N'en fallait pas tant pour nous mettre en une joie que ceux qui ne l'ont pas vue ne sauraient jamais croire. Pour imiter notre exemple et faire un peu comme nous, les Russes arrivaient en tapinois de l'autre côté. Ils comptaient nous trouver tranquillement, la pioche à la main, occupés comme de bons bourgeois à voir ce qui peut se trouver sous la terre. Mais pas si bêtes que ça. Nous avions flairé la chose, et les Russes allaient rencontrer avec qui engager convenablement un petit bout de conversation.

Dès qu'ils sont à une bonne-demie portée et que les balles ont grande chance de ne pas s'éparpiller, voilà que le capitaine, de sa belle voix de commandement, nous crie : Feu ! sur toute la ligne. Il n'eut pas besoin de le répéter. En un clin d'œil, tous les fusils font explosion ; pour suivre nos balles et voir ce que nous avons fait, nous bondissons comme des panthères et courons sur les Russes en poussant de grands cris. Il faut toujours que le zouave crie en abordant l'ennemi. Cela nous sert à nous reconnaître et à nous rallier au besoin, et cela épouvante l'autre. De cette façon il ne sait jamais combien nous sommes au juste et s'effraie plus facilement. Pour cette fois, nous faisions bien du bruit pour deux mille ; et les fusils et les baïonnettes travaillaient à l'avenant. Mais les Russes n'étaient pas commodes à intimider. Ils s'étaient familiarisés avec notre manière de procéder et ne lâchaient prise qu'après s'être bien convaincus qu'il n'y avait pas mèche à réussir.

Leur idée, d'après ce qu'on nous dit, était ce jour-là de voir à nous relever de notre garde et de venir s'installer à notre lieu et place dans notre tranchée. Ils étaient assez nombreux pour mener à bien leur machine.

Mais nous devions donner à ceux de chez nous le temps d'arriver à notre aide. Nous nous en acquittions à merveille. Cependant il tombait toujours des hommes qui ne se relevaient plus ; à chaque minute, les rangs s'éclaircissaient, et de ce train-là nous allions tous y laisser notre peau jusqu'au dernier, quand nous entendîmes sur la gauche un clairon des chasseurs qui venait sur nous en sonnant le fameux air de la *Casquette du père Bugeaud*.

Cela nous permit de respirer un peu plus aisément que nous ne le faisions depuis un quart d'heure. Les chasseurs à pied, voyez-vous, ce sont des lapins qu'il est toujours bon de rencontrer en amis sur un champ de bataille, et ceux-ci allaient nous donner un coup de main dont nous commencions à avoir grand besoin. Faut pas être fier, ça porte malheur. Jamais hommes ne vinrent plus à propos que ces chasseurs à pied du bon Dieu. Ils avaient pris leur fameux pas de course et bientôt nous nous trouvâmes tous ensemble. D'autres troupes les suivaient. Mais rien ne fait plaisir comme le premier secours. Aussi, depuis ce jour-là, j'ai les chasseurs à pied dans mon cœur, et si je n'étais pas un vieux zouave qui ne saurait plus se passer de son large pantalon et de sa *chéchia*, je voudrais m'habituer à cette tunique noire et surtout manœuvrer ces bonnes carabines qui démolissent si bien les meilleurs régiments.

Les Russes ne pesèrent pas lourd dès que nous eûmes reçu ce renfort. Il est vrai qu'ils avaient manqué leur coup et que pour le moment ils auraient été fort aises de se retirer aussi tranquillement qu'ils étaient venus. Mais cela ne faisait pas tout-à-fait notre compte, et puisque nous y étions, autant valait le régler tout de suite en honnêtes gens que nous étions des deux côtés. Ils avaient quitté leurs solides abris derrière les murailles de Sébastopol, dans la douce espérance de nous surprendre; ils n'avaient pas réussi : ce n'était pas une raison pour nous montrer trop rapidement satisfaits de leur procédé.

Nous recommençâmes donc à nous bûcher d'importance, et il fallut deux ou trois appels de nos clairons pour nous faire rentrer dans nos lignes. Du train dont nous allions et les Russes lâchant toujours quelque peu pied, ils auraient pu nous conduire beaucoup trop loin sous le canon de la place, si la prudence de nos officiers n'eût veillé à mettre une margoulette à notre ardeur.

Ce fut seulement quand nous fûmes rentrés dans nos lignes, quand nous pûmes nous compter et remarquer les absents, que nous vîmes combien la journée avait été chaude. Plus de cinquante de mes camarades manquaient à l'appel. On les enterra le lendemain avec les honneurs dûs aux braves. Pour moi, j'avais reçu à la tête une chiquenaude dont je garderai la trace éternellement; je n'ai qu'à lever ma chechia et vous pourrez jouir de la vue tout à votre aise.

Joignant le geste à la parole, le vieux zouave ôta son fez et présenta sa tête aux trois quarts rasée à ses camarades. Ceux-ci virent alors une large et profonde cicatrice qui fendait le haut de la tête. Le coup avait dû être formidable. Quand il trouva qu'il s'était suffisamment prêté à cet examen, le vieux troupier chevronné reprit son récit en riant.

— J'en fus quitte pour quinze jours d'hôpital. Après, il n'y paraissait pas plus qu'à présent. Les blessures à la tête ont cela de bon : lorsqu'elles ne tuent pas sur le coup, elles ne présentent presque jamais un danger sérieux. D'ailleurs, j'en fus si bien récompensé qu'on ne doit jamais penser à ces choses-là que pour s'en réjouir, surtout quand on est entre bons camarades, comme nous.

Le narrateur fit une pause comme pour donner à ses auditeurs le temps de lui demander compte de sa réticence. Ils n'y manquèrent pas.

— Et que vous donna-t-on, père Zou-Zou?

— Devinez, mes petits agneaux.

— Nous n'avons pas le temps.

— Eh bien! moi non plus.

— Ce n'est pas gentil ce que vous faites-là, père Zou-Zou, dit un enfant de Paris. On ne fait pas languir son monde au plus beau moment. C'est trop dur.

— C'est bon, mon zéphir, ne languis pas si tu veux et devine.

— Est-ce que je sais, moi. C'est pas un rébus.

— Donc, puisque vous ne voulez pas chercher, moi qui n'aime pas les charades, je vais vous dire ce qu'on me donna. Regardez-moi bien dans les yeux et puis à ma veste.

— Bon, j'y suis, s'écria le Parisien; c'est là que vous avez gagné la médaille militaire.

— Comme tu l'as dit, mon fils.

Et le zouave s'arrêta de nouveau, mais cette fois pour donner le temps de se calmer à l'émotion qui venait de s'emparer de lui.

—La médaille militaire, savez-vous ce que cela est? reprit le vieux soldat quand il se sentit entièrement maître de lui.

— Parbleu! si nous le savons! Est-il drôle, ce père Zou-Zou, dit le Parisien de sa voix de fausset.

— Eh bien! quoi? dis-le; explique-toi, mon agneau.

— C'est un ruban à la boutonnière qui vous fait regarder quand on passe dans la rue et cent francs par an à mettre dans son boursicot.

— Ah! voilà tout ce que tu y vois, mon chérubin!... Vraiment, tu n'es pas encore de première force pour un éduqué des boulevards.

— Quelle est donc votre idée, père Zou-Zou? Nous l'attendons.

— Vous nous faites languir, reprit-on de tous les côtés en même temps.

— C'est que vous êtes trop pressés, mes enfants.

Faut aller lentement quand il s'agit de ces bonnes choses. Ce n'est pas du rata.

— Voyons, voyons... Parlez vite.

Et l'impatience de tous ces jeunes soldats commençait à devenir séditieuse.

— La médaille militaire, reprit le vieux zouave quand il eut calmé cet orage en faisant signe de la main qu'il était prêt à parler, c'est la plus grande reconnaissance qu'on puisse faire de notre valeur. Elle n'est donnée qu'aux soldats, ce qui ne nous empêche pas, quand nous l'avons gagnée dans une affaire, de gagner la croix de la Légion-d'Honneur dans une affaire suivante. Nous pouvons gagner l'étoile du premier coup comme nos officiers, mais ils n'auront jamais la médaille s'ils n'ont porté comme nous le fusil sur l'épaule et le sac sur le dos. Il n'y a que les généraux qui peuvent l'obtenir, et quand on la leur accorde, ils la placent avec orgueil au premier rang de leurs grands cordons et de leurs plaques. Vous avez pu comme moi le remarquer quand ils nous passent en revue ou lorsqu'ils nous conduisent au feu. C'est qu'ils sont fiers d'être assimilés aux soldats qu'ils commandent. Et ils ont bien raison. Avec des gaillards comme nous, le plus sûr moyen de nous séduire et de nous mettre le feu au ventre, c'est partout et toujours de se souvenir que nous sommes tous égaux et frères sous le drapeau.

XVI

Une approbation unanime accueillit cette tirade du vieux soldat.

Après une légère pause, il reprit :

—On m'a dit, et je l'ai cru parce que je le connais, qu'au moment où le général Bosquet débarqua sur le port de Marseille, revenant de Crimée, il trouva un aide-de-camp de l'Empereur qui l'attendait. Savez-vous ce qu'on lui apportait avec cette solennité ?... Le bâton de maréchal ? Non... L'Empereur se réservait de le lui donner lui-même. La grande croix de la Légion d'Honneur ? Non... Depuis longtemps on la voyait sur la poitrine du général. Un nouveau titre ? Non... le général les avait tous. Il avait tout gagné à la pointe de son épée. Car s'il n'est pas parti le sac au dos comme quelques autres, Bosquet n'en a pas dû moins faire son chemin en montrant partout et toujours qu'il était digne de commander un poste supérieur à celui qu'on lui confiait. Non, ce n'était rien de tout cela que lui envoyait l'Empereur... Mes amis, c'était la médaille militaire. A cette vue, on m'a dit, et je l'ai cru, que des larmes s'échappèrent des yeux du général, et les larmes, ses yeux ne les connaissaient plus depuis longtemps. L'Empereur avait trouvé justement la récompense qui pouvait directement toucher un cœur comme celui de la *Grosse-Tête*. A côté des grandes croix d'Angleterre, de Sardaigne, de Turquie, il pouvait mettre sur sa large et robuste poitrine la médaille française du soldat.....

Vous ne l'avez pas connu celui-là, vous autres! vous êtes encore trop jeunes. Vous le connaîtrez un jour et vous verrez si vous n'entendrez pas de tous côtés vanter sa bravoure et la sûreté de son coup-d'œil, de même que la rapidité de son exécution. Quand il eut la médaille, il envoya toutes ses autres croix à sa vieille mère qu'il aime comme un petit Benjamin de dix ans. Mais il garda pour lui sa décoration de soldat... S'il pouvait, il la mettrait à la garde de son épée comme l'autre.

— Il ne serait pas dégoûté, dit le Parisien qui avait toujours à jeter quelque mot grotesque dans la conversation.

— De quoi te mêles-tu, blanc-bec? fit le vieux zouave, que cette interruption faillit mettre en colère.

— Continuez, continuez, père Zou-Zou, et ne vous fâchez pas.

— C'est vrai qu'avec des Gringalets pareils, il n'y a jamais moyen de conter rien de rien. Ils feraient perdre le fil de son discours au Père Eternel.

— Foi de Parisien, on ne vous interrompra plus.

— Il est bien temps de te corriger, je ne m'y retrouve plus. Je ne sais plus ce que je vous disais, mes amis.

— Faut-il vous remettre sur la voie ?

— Voyons, Gringalet, accepté ; sois bon à quelque chose une fois dans ta vie.

— Vous nous parliez du général Bosquet.

— C'est bien, j'y suis. Mais c'est fini, je crois, tout ce que je voulais vous dire sur ce brave général la *Grosse Tête*.

— Eh bien ? achevez ce que vous aviez à nous dire sur la médaille militaire.

— Tiens, j'aime mieux me taire... J'ai fini... Je ne dirai plus rien.

— A votre aise, nous allons parler, nous.

Tout le monde se mit à rire de la tournure que paraissait prendre la conversation. Rien n'est plus gai et plus franc que le rire du soldat. Cela fait toujours plaisir à voir.

Quand l'accès d'hilarité fut passé :

— Dites donc, père Zou-Zou, reprit le Parisien, vous avez paru tout à l'heure mécaniser l'argent. M'est avis, cependant, que c'est une denrée sur laquelle il est souvent opportun de ne pas trop cracher.

— Il ne faut cracher sur rien, Gringalet, dit le vieux troupier qui avait ri comme les autres, et qui, par conséquent, se trouvait entièrement désarmé.

— Expliquez alors ce que vous avez voulu dire;

— Faudra donc tout te mettre sur les doigts?

— Sans doute, si vous voulez que je sache. C'est ainsi qu'on finit par être un homme instruit comme vous.

— Conséquemment, reprit le zouave chevronné, il n'est nullement désagréable de recevoir au bout de l'an un supplément de solde qui se monte à la somme ronde de cent francs. Cela sert toujours à boucher bon nombre de trous que le plus honnête homme ouvre en faisant son voyage de l'année. Ajoutez que la petite pension vous accompagne toute la vie, ce qui est encore à considérer. Puis, à moins d'accident grave et d'avarie trop lourde pour continuer à naviguer, il est rare qu'un bon soldat s'arrête en si beau chemin. Quand il a la médaille militaire, il grille d'avoir la croix, d'autant plus qu'il la voit sur la poitrine de quelques camarades. Elle lui tire l'œil, que vous ne pourriez croire. La médaille n'est qu'une première étape où l'on se repose quelques instants. La croix, c'est le but auquel on vise, parce que la croix, comme disent nos amis les Arabes, c'est le témoignage de la bravoure sur le cœur.

— C'est bon ! c'est bon, après la médaille vous aurez la croix ; il n'y en a que pour vous, père Zou-Zou, nous le savons.

— Tais-toi, Gringalet.

Cette fois, ce n'était pas le vieux zouave qui imposait silence au Parisien, c'était tout l'auditoire qui ne goûtait pas l'interruption.

— Eh bien ! continua le vieux soldat d'Afrique, cent francs de la médaille, c'est déjà bien ; mais deux cent cinquante francs de la croix, si je sais compter, sans avoir besoin de mes doigts, ou, si tu préfères, je compterai, cela fait tout près de soixante-dix centimes de haute paye par jour. C'est bon en campagne et encore meilleur à la ville, quand on ne sait pas trop quoi faire de son temps. Mais quand l'heure de la retraite a sonné, quand on n'est plus qu'un vieux propre à rien ou à pas grand'chose ; c'est alors que c'est bon : ça fait venir l'eau à la bouche, camarades.

— Oui, cela sert à faire bouillir la petite marmite que l'on est appelé désormais à se confectionner tout seul.

— Comme tu dis, Gringalet, et les trois quarts de franc par jour qui s'ajoutent en pareil cas comme supplément à la pension de retraite, n'ont jamais eu rien qui puisse désobliger qui que ce soit. Le plus honnête homme n'a rien à dire à ce compte.

— Vos chiffres sont bons, dit Jean Pecqueur, mais je croyais que le camarade avait à nous raconter quelque chose sur la mort de je ne sais qui, arrivée devant Sébastopol.

— C'est juste, mes amis. La médaille m'avait tout-à-fait troublé la vue à propos de la chose.

— Si la mémoire vous revient, dit le Parisien, qui avait la manie du dialogue, tâchez de nous raconter l'affaire en y mettant le plus fin de votre éloquence.

— Gringalet, dit le zouave en souriant, faudra donc toujours te rappeler à l'ordre.

Et pour reprendre des forces et aiguiser à nouveau sa langue, le vieux lion d'Afrique donna une accolade nouvelle à la bouteille d'eau-de-vie qui se trouvait toujours à portée de sa main. Puis il reprit de la sorte son récit interrompu.

XVII

— Pour lors, c'était donc le lendemain du jour où nous avions eu à dire à messieurs les Russes qu'on ne surprenait pas ainsi à l'improviste les soldats Français. Histoire de leur donner une petite leçon de politesse, dont ils ne surent pas tirer profit, vu que plus d'une fois ils essayèrent de recommencer le même stratagême, mais toujours sans succès. N'importe, ils ne se décourageaient pas pour si peu ; ils recommençaient toujours, parce que leur naturel les porte à être entêtés. Faut même croire que les officiers sont plus opiniâtres que les autres, d'après ce qu'on nous a dit.

Donc, ce jour là, il s'agissait pour nous de réparer les dégâts que l'engagement de la veille avait faits dans nos tranchées. Parce que, voyez-vous, mes amis, avec des gaillards comme les Russes, on a beau les chasser et leur démontrer victorieusement que les positions françaises ne sont pas faites pour eux, ils ne quittent jamais la place sans avoir fait le plus de mal qu'ils ont pu. Et dans un siége comme celui de Sébastopol, le mal est de détruire les ouvrages et de bousculer la terre remuée. Il fallait aviser à tout cela et rétablir les choses dans un état convenable. Cela regardait les hommes et les officiers du génie, qui montrent dans des cas pareils de quelle utilité ils sont dans une armée bien organisée. N'en dira jamais du mal quiconque les a vus en Crimée. Ils se mirent à l'œuvre sans désemparer, et bientôt la besogne avança rapidement. Encore deux jours, et non-seulement il n'aurait guère rien paru de ces dégats qui avaient détruit nos talus et tous nos fossés, mais encore nous aurions été plus avancés dans nos cheminements que nous n'avions jamais été. Tout le monde se piquait d'émulation et le travail se faisait à merveille.

Rien n'est admirable comme la façon de procéder de ces officiers, que nous voyons rarement au milieu de nous et qui ne sont pas souvent exposés au feu de l'ennemi sur le champ de bataille. Je les ai vus, Dieu merci! assez souvent sous les murs de Sébastopol pour pouvoir en parler comme il convient à des camarades de votre sorte qui sont en état de tout comprendre. Ces militaires, sortis des grandes écoles, où on leur donne beaucoup plus de leçons de chiffres que de courage, passent en général leur temps à former toutes sortes de combinaisons avec des lignes et des calculs. Ce sont des savants qui portent un uniforme de soldat et une épée au côté. Mais qu'on leur laisse la redingote et le chapeau, et ils seront capables de tenir tête à tous les professeurs et de disputer avantageusement avec eux.

Au reste, je crois bien qu'ils ont plus de goût pour leurs livres que pour tout le reste. Mais quand on les appelle à l'armée, c'est alors qu'il faut les voir. Personne n'est en état de leur revendre du courage et du sang-froid. Cela va jusque à la témérité; si j'osais, je dirais jusqu'à la folie. Dans les premiers jours dont je vous parle, ils montrèrent d'autant plus d'ardeur qu'il s'agissait de réparer beaucoup de temps perdu.

Or, les Russes, dans leur attaque imprévue et qui avait si mal tourné pour eux, avaient au moins gagné ceci qu'ils savaient dans quel état se trouvaient nos travaux et qu'ils connaissaient maintenant notre fort et notre faible. Les assiégés de Sébastopol avaient avec eux aussi des officiers de premier mérite, auxquels il suffisait d'un coup d'œil rapide pour se rendre exactement compte des choses. On nous en a nommé quelques-uns; mais je ne suis pas heureux quand il s'agit de retenir des noms étrangers. Ce furent, sans qu'on s'en doute trop ou du moins qu'on le dise, ces officiers qui nous donnèrent le plus de fil à retordre.

Pendant que nos officiers conduisaient leurs travailleurs dans les tranchées, à tout instant l'artillerie de la place enlevait des gabions et mettait les chantiers à découvert. Derrière les gabions, les soldats du génie travaillaient comme ils eussent travaillé aux fortifications de Paris ou d'Alger. Mais la pièce d'artillerie dont le boulet emportait un gabion faisait en même temps disparaître un homme, même plusieurs. On essayait de rétablir le tout et alors si le canon de rempart était pointé, autant de rétablissements, autant d'accidents mortels. Il en résultait que les hommes ne s'entendaient pas sans dégoût désigner pour cette besogne. On ne va pas certainement se soumettre de gaieté de cœur à avoir la coloquinte cassée, surtout quand on a autre chose à faire dans la vie.

Pour les officiers, ils ne se marchandaient pas. Dès qu'ils apercevaient quelque hésitation parmi les hommes qui les secondaient dans leur besogne ingrate et sans gloire bien brillante, ils n'hésitaient jamais à se mettre en avant. Avec eux il n'y avait pas même à parler de gabions. Ils se mettaient debout sur le talus et protégeaient de leur corps les travailleurs qui auraient rougi de laisser leurs officiers seuls exposés aux coups de l'ennemi. Combien il a péri de brillants officiers du génie, encore pleins de jeunesse et de force, en servant ainsi de cible vivante, Dieu le sait !

Tout cela, mes amis, je vous le raconte pour que vous compreniez mieux la mort que je veux vous dire.

Le général Bizot, qui commandait les travaux du siége, n'était pas un de ces héros dont nous racontions les prouesses et les exploits dans les veillées de bivouac en Afrique. Nous ne le connaissions pas avant d'être conduits sous les murs de Sébastopol. Jamais son nom n'était arrivé jusqu'à nos oreilles. Depuis le siége de Constantine, le génie construit plus qu'il ne démolit en Algérie. Mais c'était un de ces hommes qui n'ont jamais tremblé à l'idée de la mort et qui sont toujours prêts à l'accueillir avec un sourire si elle vient les trouver sur un champ de bataille, un brave, quoi ! et souvent plus brave que bien de ceux qui ont besoin d'excitation pour montrer ce qu'ils ont dans le cœur.

Il voulut se rendre compte par lui-même de l'état dans lequel se trouvaient nos tranchées, et en même temps encourager de sa présence les travailleurs.

***

Le commencement de cette inspection fut heureux et tout aurait pu faire croire que la journée se passerait sans le moindre accident. Car, chose rare, le canon de la place ne faisait pas grand bruit. Mais voilà qu'arrivé juste au point où avait eu lieu notre engagement, le général s'arrêta, ainsi que les officiers qui l'accompagnaient, pour tout examiner en détail. Sans doute, ce groupe fut aperçu de la ville, qui voyait parfaitement dans nos lignes; car aussitôt il se fit un assez grand remue-ménage sur les murailles. Le général n'y prêta pas la moindre attention, il continua son chemin comme devant, sans prendre aucune précaution ; on eût dit qu'il faisait une simple promenade la canne à la main, tant il causait avec calme et liberté d'esprit. Jamais homme ne parut plus éloigné de son dernier moment. Néanmoins il y touchait : car un coup de feu, sans doute tiré par une main et un œil bien exercés, partit du rempart, et aussitôt le général s'affaissa sur lui-même. La balle avait traversé le cou, touchant les veines principales. Il n'en fallait pas davantage pour que la mort fût rapide.

On eut beau courir au secours du général et l'entourer des soins les plus empressés, tout fut inutile; officiers et soldats à l'envi se mirent à l'œuvre pour arrêter au moins de quelques instants la marche de la mort. Vains efforts! on n'eut bientôt plus à rapporter au camp qu'un cadavre.

Ce n'est pas gai, mes amis, de voir tomber de la sorte un officier général. J'en ai vu tomber bien d'autres et de ceux que nous aimions le mieux, et que nous connaissions depuis longtemps. Cette rude campagne de Crimée nous a fait faire connaissance avec tous les grands spectacles de la guerre. J'ai vu tomber entre autres ce jeune et intrépide de Lourmel qui voulait nous faire entrer de haute lutte dans la forteresse des Russes. Jamais je n'ai vu un deuil pareil à celui qui se manifesta dans toute l'armée à la mort du général Bizot.

C'est que nous comprenions parfaitement qu'avec toute notre bravoure, il nous faudrait autre chose qu'une intrépidité dont personne ne doutait pour entrer dans les murs de Sébastopol. Et cela ne pouvait nous être donné que par les hommes qui, comme le général Bizot, avaient fait une étude spéciale de l'art d'assiéger les places fortes. Enfin, heureusement que la France est un pays de ressources où les hommes ne font jamais défaut à une besogne quelque difficile qu'elle paraisse. Quand il y en a un qui s'en va, on en trouve un autre prêt à relever la faction. Le général Bizot fut remplacé, et nous prîmes la tour Malakoff qui nous ouvrit les portes de Sébastopol.

La fin de ce récit avait jeté comme un nuage de tristesse sur la réunion de Ventiglia. Quoique habitués au carnage des champs de bataille, les soldats de Crimée, d'Afrique, de Palestro, n'aimaient pas plus que les autres hommes à s'entretenir longtemps de la mort. On n'en parle jamais impunément ; ou, comme on dit dans les provinces du midi de la France, en parler c'est lui faire signe de venir. Les esprits forts peuvent appeler cela de la superstition tant que bon leur semblera, cela n'en existe pas moins ; c'est un fait. Or un fait se constate et ne se discute pas.

Pour chasser ces nuages mélancoliques, Albert de Basso-Campo demanda si l'on n'avait pas quelques souvenirs plus gais à rappeler.

— Il faut faire appel au troubadour de la troupe, dit Fusié, il pourra nous raconter ses amours jusque dans les grands déserts d'Afrique.

La proposition fut accueillie avec enthousiasme. Le Parisien surnommé par le vieux zouave Gringalet, si bien que le sobriquet lui est resté au régiment où il le porte encore, reçut sommation d'avoir à s'exécuter sur-le-champ. Rendons-lui cette justice qu'il ne se fit ni prier ni tirer l'oreille, bien qu'il se piquât de littérature pour avoir lu quelques feuilletons au rez-de-chaussée des journaux qui lui tombaient sous la main, et s'être glissé parfois au paradis des théâtres parisiens. Loin de là, il comptait abuser de sa supériorité manifeste pour montrer comment doit être rédigé un récit destiné à produire une profonde sensation sur l'esprit des auditeurs.

XVIII

Quand il vit que son auditoire était tout oreilles, le Parisien commença d'une voix insinuante, non sans avoir jeté un regard calme et assuré autour de lui.

— C'était pendant l'expédition qui devait faire entrer la forteresse et tout l'oasis de Laghouat sous la domination française. De mémoire de troupier, on ne nous avait pas encore promené dans des marches aussi longues et aussi pénibles en plein désert; il nous tardait d'être arrivés. Nous voulions tous en finir, et nous flanquer des coups de fusils était la plus belle de nos perspectives. Pour achever de nous mettre en désarroi, le désert était d'une monotonie désolante: pas le moindre petit accident pour nous donner du cœur au ventre et nous encourager à pousser en avant. Un soleil torride nous brûlait, et l'eau de nos outres devenait saumâtre bien avant le milieu du jour;

ce n'était pour personne ni une récréation ni une partie de plaisir.

Jugez de la joie que nous dûmes ressentir lorsqu'un soir, presqu'à la tombée de la nuit, nous aperçûmes un groupe de palmiers qui balançaient au vent leurs longs rameaux flexibles comme une escarpolette. On n'eut pas besoin de nous commander. Nous hâtâmes le pas et bientôt nous distinguâmes une espèce de tombeau de santon qui devait servir de retraite à quelque pieux marabout, absolument retiré des soucis de ce monde.

Ceux qui n'ont pas été en Afrique et dans les pays brûlés par le soleil, ceux qui n'ont pas voyagé dans le désert, ne comprendront jamais le bonheur qu'on éprouve à voir se balancer au vent des palmiers chargés de fruits qui donnent envie de doubler, de tripler le pas pour les cueillir.

Nous voyons ici de beaux arbres, sans doute; nous en avons tous vu de très-beaux dans notre pays, où il n'y a pas de désert, et peut-être, moi, j'en ai vu plus que tous vous autres ensemble, puisque je suis de Paris, et qu'on ne peut pas faire un pas hors de Paris sans rencontrer les plus belles forêts du monde. J'ai vu les coteaux de Meudon et de Saint-Germain, Versailles et Fontainebleau dont vous avez certainement tous entendu parler. Eh bien! malgré tout cela, je vous avoue avec sincérité que le palmier est la plus belle chose du monde.

Avec quelle joie nous saluâmes ceux qui s'offraient à nous, vous l'avez deviné sans doute et vous n'avez pas besoin que j'entre à cet égard dans de grandes explications. Nous oubliâmes à l'instant toutes les souffrances que nous venions d'endurer et nous ne songeâmes qu'au bonheur qu'allaient nous donner quelques heures de repos dans la riche oasis qui était devant nos yeux. Voilà le soldat français. La tristesse et le désespoir semblent l'accabler, et un instant après il est tout joyeux.

La gaîté circula bien vite dans les rangs. On entendit les chansons les plus folles partir de trente côtés à la fois, et toute la colonne expéditionnaire répétait en chœur les refrains. Je vous assure que c'était charmant à voir et à entendre. Nos chefs étaient les premiers à s'amuser et à encourager nos folies de leur rire. Jamais on n'aurait soupçonné que c'était la même colonne qu'une heure auparavant.

Cependant, nous avancions toujours, et l'oasis développait peu à peu ses richesses devant nous. Ce qui se présentait et qui n'avait pas été vu tout d'abord, ne nous faisait pas regretter les transports du premier moment. Au contraire, il en excitait de nouveaux : car l'oasis, sans être un de ces petits mondes qu'on trouve partout en Afrique, avait bien certes de quoi nous satisfaire et au-delà.

D'abord si elle ne s'étendait pas sur une grande largeur par le côté où nous arrivions, elle avait dans le sens de la profondeur une étendue que nous n'avions pas soupçonnée. En approchant, nous distinguâmes des cultures qui révélaient la présence de l'homme, et nous ne tardâmes pas à reconnaître dans le lointain quelques maisons grossièrement construites en pierres sèches, selon la mode de tous ces pays.

Bientôt un Arabe arriva sous les dattiers. Il portait ce grand chapeau de paille qui protège si bien la tête et les épaules contre les ardeurs du soleil, et il laissait flotter au souffle des brises le large burnous blanc qui enveloppait tout son corps. Il regarda longtemps de notre côté, paraissant chercher à se rendre compte du nombre de pantalons rouges qui arrivaient.

Puis, quand il eut achevé son inspection, il poussa un grand cri, et aussitôt du groupe des maisons accourut un autre Arabe monté sur un âne. Celui-ci n'avait sur la tête que la capuche de son burnous. De toute sa personne, nous ne pouvions distinguer que l'âne et le burnous blanc.

Quand ils se trouvèrent réunis au pied des dattiers qui nous avaient de loin révélé l'oasis, ils s'arrêtèrent et causèrent un instant comme pour tenir conseil sur ce qu'ils avaient à faire dans l'occurrence présente. Le résultat de cette délibération fut que celui qui était juché sur un âne se servit des jambes de sa monture pour venir jusqu'à nous et nous engager à entrer en amis dans l'oasis, où nous trouverions l'hospitalité du désert. Vous pensez bien que la proposition ne pouvait souffrir de refus.

Nous ne nous fîmes pas tirer l'oreille, et, un quart d'heure après, toute la colonne était installée auprès des dattiers. Les tentes étaient dressées autour de la petite mosquée qui servait de tombeau au santon, les armes en faisceau étaient rangées sur le front des tentes, et les cuisiniers de l'ordinaire s'apprêtaient de tous côtés à faire une soupe plus convenable que celles des jours précédents.

Pendant que tout le monde s'occupait de la sorte, de notre côté, nous ne tardâmes pas à recevoir la visite des indigènes.

Une fois le premier moment passé et sans doute complètement rassurés sur nos intentions par leurs cheiks et leurs cadis, nous les vîmes accourir en foule à notre camp. Ils étaient bien une centaine de familles qui vivaient tranquilles sur ce petit coin de terre.

Jugez de mon étonnement quand je reconnus, parmi ceux qui venaient curieusement rôder autour de nos tentes et de nos marmites, un Arabe dont j'avais fait connaissance quelques mois auparavant à Constantine.

On l'appelait Ben-Ahmed.

C'était bien une des meilleures pâtes d'homme qu'il fût possible de voir, quoique, dans certaines circonstances, il n'aurait pas fallu essayer de lui marcher trop énergiquement sur le pied. Ben-Ahmed s'était pris d'une vive affection pour moi, parce que, un jour, à Constantine, je l'avais aidé à se débarrasser de deux juifs qui, s'il avait suivi leurs conseils, lui auraient fait suer jusqu'à sa dernière piastre et sans qu'il en retirât le moindre profit. Il eut confiance en moi et dans mon savoir-faire, et s'en trouva bien.

J'étais donc en pays de connaissance dans cette oasis, mieux que cela, en pays d'amitié. Il ne me fut pas difficile d'obtenir de mes supérieurs la permission de suivre Ben-Ahmed dans le gourbi qu'il occupait au centre du village. Ma ration restait aux camarades, c'était toujours autant de gagné, et, quant à moi, il était probable que je n'aurais pas pour cela à souffrir de la moindre privation. Le couscous et le mouton grillé valent mieux que notre soupe et notre biscuit.

Ben-Ahmed était installé comme un prince dans sa petite maison, qui n'avait aucune apparence extérieure. J'appris que cet homme, intelligent et doux, s'était de bonne heure échappé de l'oasis où sa famille vivait heureuse; qu'il avait visité Alger, Tunis et même Constantinople, et qu'il avait trouvé moyen d'amasser de fortes sommes d'argent et des richesses relativement considérables en se livrant à des spéculations commerciales.

Puis quand l'âge du repos était venu, c'était près du berceau qu'il avait voulu placer sa tombe, et il était rentré dans l'oasis.

Vous tous qui avez parcouru les garnisons d'Afrique, vous avez sans doute rencontré sur votre chemin plus d'un homme comme Ben-Ahmed. Il était grand, avec une belle figure dont l'expression était toujours mélancolique, et il portait admirablement le beau costume des Maures du Maroc, qu'il avait adopté dans ses voyages, comme plus commode et plus riche en même temps que celui de ses compatriotes. Sa veste et sa ceinture indiquaient à tous que le commerce enrichit ceux qui savent le pratiquer. Par dessus, Ben-Ahmed mettait une belle robe de soie qu'on aurait remarquée même dans les bazars d'Alger; et, autour de sa tête, il enroulait un turban en cachemire que plus d'une

Parisienne, dans ses jours de grande toilette, aurait voulu pouvoir jeter sur ses épaules.

Vous jugez d'ici la différence qu'il devait y avoir entre lui et les autres habitants de l'oasis.

Je m'installai chez Ben-Ahmed comme chez un ami, et je pris une des galeries de sa maison pour moi tout seul. J'étais là comme un vrai pacha ; vous vous le figurez aisément, et ma foi ! n'eût été le devoir du régiment, je n'en serais pas sorti de sitôt.

Vous allez voir.

Dans nos précédentes rencontres, Ben-Ahmed ne m'avait jamais parlé de sa famille, et j'ignorais totalement s'il vivait en garçon ou en homme qui a le droit, d'après la loi de son prophète, d'épouser plusieurs femmes pour lui tout seul.

Je sus à quoi m'en tenir une heure après être entré dans la maison de ce brave Bédouin.

Faut-il vous dire que, dès mon arrivée, j'avais trouvé pour me refaire tout ce que peut désirer un honnête homme après une route longue et fatigante, hérissée de privations de toute sorte. Chose précieuse, j'avais surtout trouvé de l'eau d'une fraîcheur délicieuse et il m'avait été loisible de me livrer à toutes sortes d'ablutions. Je vous fais grâce du reste. Et la main qui me servait, mes amis ! c'est ça qu'il fallait voir !... Car enfin, il faut bien que j'arrive à vous dire de quelle façon je me suis réveillé un jour, en plein désert d'Afrique, amoureux fou, mais fou à lier.

Saïda était la fille de Ben-Ahmed. Jamais vous n'avez vu quelque chose de gracieux et de beau comme Saïda. Sa beauté m'éblouit tout d'abord et arrêta net toutes les pensées qui pouvaient venir folâtrer dans mon esprit. Je ne m'étais jamais figuré qu'une femme pût porter sur son visage et dans toute sa personne autant de séductions. L'œil était d'une limpidité transparente et le regard rappelait par sa douceur celui de la gazelle. Ajoutez à cela des traits comme tout ce que vous avez pu voir de plus beau et de plus pur, des cheveux noirs comme l'aile du corbeau, un costume qui faisait ressortir tous ces avantages, et dans tous les mouvements, dans tous les gestes, dans la parole, une grâce incomparable : vous aurez alors à peu près et grossièrement le portrait de Saïda.

Vous ne serez nullement étonnés maintenant quand je vous avouerai que je fus bien vite sous le charme. Il n'en fallait pas autant pour porter le trouble dans une pauvre cervelle comme la mienne. Je fus entièrement séduit. Cependant je dois dire qu'il ne me vint pas une seule minute dans l'idée de tromper mon hôte et de troubler par une trahison le bon accueil qu'il me faisait. On ne pouvait avoir de semblables pensées dans la maison de Ben-Ahmed et surtout quand on avait le bonheur de voir sa fille. Car elle inspirait autant de respect que d'admiration. Et néanmoins il était évident, surtout pour un vieux routier comme moi, qu'un jour son cœur parlerait et verrait dans un homme justement tout ce que je voyais en elle, le type de toutes les perfections.

Je me sentais fort mal à mon aise quand de semblables idées me trottaient par l'esprit. J'aurais voulu ne pas les avoir.

Nous fîmes une halte de quatre jours entiers dans cette oasis, et tout ce temps-là, je le passai presque continuellement dans la maison de Ben-Ahmed. J'avais la facilité de voir Saïda, quand et comme je pouvais le désirer, à toute heure de la journée ; c'était toujours elle qui accourait quand son père ou moi avions besoin de quelque chose. Au moindre désir que nous manifestions elle était toujours là prête à le satisfaire, plus docile qu'une servante, toujours enjouée et gracieuse comme pas une. Bref, j'étais pris, oh ! mais pris pour de bon et comme je ne me serais jamais cru capable de l'être. Saïda, sans la moindre coquetterie, avait opéré ce miracle.

L'heure du départ sonna, que je n'étais pas plus avancé que le jour de l'arrivée, si ce n'est que j'emportais dans mon cœur une image qui devait m'accompagner partout. Nous allâmes prendre Laghouat, comme vous le savez, et quoique Ben-Ahmed m'eût dit qu'il m'attendait au retour et qu'il aurait peut-être des choses importantes à me communiquer, je ne pus tout de suite après l'expédition obtenir un congé et me mettre en route pour revoir mon bon ami de l'oasis.

XIX

Six mois s'écoulèrent et, en Afrique, les communications ne sont pas aussi faciles qu'en France. On n'écrit pas, parce que bien souvent on ne saurait par qui ni comment faire porter son message. J'en étais là, mes amis; et, pendant comme après l'expédition, je ne sus comment donner de mes nouvelles à Ben-Ahmed.

J'avais, pendant tout ce temps, bien souvent pensé à Saïda, soit en montant à l'assaut de la forteresse crénelée de Laghouat, soit pendant les longues nuits de bivouac passées sous la tente, presque toujours en ne dormant que d'un œil. Et plus j'y pensais, plus je trouvais de grâces et de charmes à la jeune fille. Malgré moi, je faisais des rêves. Moi, pauvre enfant abandonné presque dès le berceau, sur le pavé de Paris, je me voyais aimé, car je poussais la prétention jusque-là, aimé de cette jeune fille qui n'aurait pas déparé le palais d'un roi. Je me voyais son époux dans cette charmante maison, près de ces beaux palmiers, où Ben-Ahmed m'avait donné une si cordiale hospitalité.

Enfin, supprimons ces détails qui ne peuvent guère vous intéresser.

J'obtins enfin le congé que j'avais si vivement sollicité depuis six mois.

Je partis le cœur content; je refis seul cette longue marche que nous avions faite en colonne. Mais rien ne me parlait; ma pensée tout entière appartenait à mon ami Ben-Ahmed, à la fraîche oasis du désert, et surtout à la belle Saïda que je voyais encore embellie. Et je ne m'ennuyais pas tout le long du chemin : avec de semblables idées, on ne s'ennuie jamais, et moins encore au désert, que dans les villes. Cependant, à mesure que j'approchais du but, que chacun de mes pas rendait moins lointain le terme de ma course, je sentais une inquiétude vague gagner mon cœur : je ne savais à quoi attribuer un froid subit qui courait à travers mes membres sous un soleil ardent. On parle de pressentiments. Mes amis, je vous assure qu'on en a toujours dans les grandes circonstances de la vie.

J'arrive enfin. Je revois de bien loin le bouquet de palmiers qui nous avait tout d'abord indiqué l'oasis. A cette vue, je me mets à courir comme un enfant. Il me semblait que je revoyais la patrie après une longue absence. Bientôt les objets prirent une forme plus distincte. Le tombeau du santon était toujours à la même place et dans le lointain je voyais déjà le groupe de maisons qui constituait le village de l'oasis.

Personne ne vint au devant de moi. L'absence de l'homme donnait à ce paysage autrefois si charmant un aspect de tristesse et de mélancolie qui faisait peine à voir. Je crois que si j'avais osé j'aurais pleuré dans ce désert sans savoir pourquoi.

Je fis un effort sur moi-même et me redonnai du cœur pour aller jusqu'au bout. Quoi que je dusse apprendre, j'aimais mieux le savoir tout de suite que de rester longtemps avec toutes les pensées de doute qui envahissaient mon esprit. Ce doute était trop douloureux.

J'arrivai de la sorte jusqu'à la porte de Ben-Ahmed sans avoir rencontré âme qui vive. Comme cette porte n'était pas close, je me contentai de la pousser, sûr de recevoir toujours un bon accueil...

J'avais à peine franchi le seuil que j'aperçus au fond d'une cour intérieure un vieillard qui grelottait, quoiqu'il fût exposé à toutes les ardeurs d'un soleil de mai. Dans ce vieillard, jugez de ma surprise quand je reconnus Ben-Ahmed. Six mois avaient suffi à opérer cette métamorphose. La barbe était entièrement blanche : les épaules étaient voûtées, les jambes fléchissaient, et on ne retrouvait dans les vêtements que bien peu de traces de l'ancienne splendeur.

Je courus à lui et soupçonnant de grands malheurs accomplis, je l'embrassai avec effusion comme on embrasse un père.

Ben-Ahmed me reconnut. Un long soupir s'échappa de sa poitrine et une larme silencieuse se fraya un chemin sur sa figure basanée.

Nous rentrâmes dans la maison sans avoir échangé quatre paroles. Là encore je trouvai des traces de délabrement, quoiqu'elles fussent moins sensibles que sur la personne de Ben-Ahmed. Mais ce qui me manquait surtout, c'était Saïda, la jeune fille aux yeux si limpides, que j'aimais de toute mon âme. Elle ne paraissait pas comme jadis et je n'osais pas demander de ses nouvelles.

Le vieillard devina sans doute ce qui se passait dans mon cœur, car, me regardant avec tristesse, il me parla en ces termes:

— Tu cherches Saïda ? Elle n'est plus ici... Elle a quitté son père pour suivre celui qui avait su faire battre son cœur avec violence. Un instant j'avais cru que tu serais l'heureux homme à qui cette grâce serait réservée. Cette espérance remplissait mon cœur de joie. Et je t'avais dit de revenir, parce que j'avais vu que ma fille te servait avec complaisance. Mais tu as trop tardé. Pendant que tu restais sur les chemins, un autre guerrier est venu au retour de votre expédition de Laghouat. Il appartenait à la nation arabe, mais il servait dans vos rangs, et il portait sur sa poitrine la décoration d'honneur que l'on donne aux braves dans votre pays. Il est venu, et je l'ai reçu sous mon toit parce que j'avais connu son père autrefois et que le souvenir d'un ami est toujours sacré. Et il a su dire à ma fille Saïda de ces paroles qui brûlent le cœur et rendent folles les jeunes filles. Quoique je fisse des vœux pour toi, je n'ai pu m'opposer à leur union ; c'eût été d'un mauvais père. Saïda paraissait t'avoir oublié, et je ne pouvais parler de toi quand tu ne reparaissais pas.

Je vous laisse à deviner, mes amis, la figure que je dus faire en entendant ces paroles du vieillard. La foudre tombant à mes pieds n'aurait pas été plus terrible que ce discours. Adieu tous mes beaux rêves ! Adieu toutes mes espérances ! Tout s'évanouissait à la fois.

Je restai devant Ben-Ahmed comme la statue de la désolation. Ce fut au tour du vieillard de me consoler, et il essaya de le faire en me parlant encore de Saïda. Du reste, c'etait le seul nom qui fût capable de me tirer de la torpeur dans laquelle j'étais subitement tombé.

— Voilà quatre mois que la chose est faite, me dit Ben-Ahmed ; quatre mois que cette maison a perdu son âme. Car Saïda disparue, que reste-t-il, je te le demande ? Tu as vu le bonheur, la joie, la prospérité... Qu'y reste-t-il aujourd'hui ?... Puisse-t-elle être heureuse du moins, loin de son vieux père, qui ne comptait la perdre de vue qu'à sa dernière heure. Mais elle est partie avec son époux Ben-Ticket !...

— Comment, s'écria-t-on de toutes parts, c'est Ben-Ticket qui avait épousé Saïda ?

— Oui, mes amis.

— Celui dont nous parlait dans une de ses histoires le père Zou-Zou ?

— Celui-là même.

— Mais, il est sergent dans les turcos ?

— Qu'importe ! il n'en a pas moins épousé celle que j'aimais.

— C'est drôle.

— C'est comme j'ai l'honneur de vous le dire.

— Et Saïda, qu'est-elle devenue ?

— Elle est entre Tiaret et Teniet-el-Had, où pendant la guerre elle vit avec la famille de Ben-Ticket. Celui-ci, après quatre mois de bonheur, s'est fatigué de l'existence monotone des bourgeois. Il lui a fallu reprendre le fusil. La guerre est son plus grand, ou pour mieux dire, son seul plaisir.

— Et sa femme ?

— Ben-Ticket vient la retrouver de temps en temps entre deux campagnes.

— Et comme cela finirent tes amours, dit-on à Gringalet ?

— Ce n'est que le commencement, mes amis. Si une balle ne me cloue pas sur le champ de bataille italien, je compte bien quelque jour prendre ma revanche avec Ben-Ticket, à moins qu'une balle ennemie ne se charge également de lui. Car on m'a dit qu'il était avec nous.

— C'est vrai.

— Alors, ce sera fini. J'irai retrouver Saïda et je réclamerai mes droits antérieurs. S'il en est autrement, nous aviserons.

Comme le Parisien venait d'achever ces paroles, il se fit un grand mouvement dans la maison de Ventiglia. Un officier d'état-major venait d'arriver chargé de faire retourner dans les corps tous les convalescents en état de reprendre leur service. La plupart de ceux qu'Albert de Basso-Campo avait réunis dans son domaine de Ventiglia ne demandaient qu'à rentrer dans la vie active. Ils avaient assez de leur repos. On les dirigea sur divers régiments qui avaient besoin de renforts. Nous les trouverons tous soit à côté du général de Mac-Mahon à Turbigo et à Magenta, soit au milieu des grenadiers de la garde au pont de Buffalora.

XX

Les jours écoulés avaient permis à l'armée française d'être complètement organisée dans les mains des chefs habiles qui la commandaient. Maréchaux et généraux luttaient d'activité dans cette grande guerre qui allait mettre en relief toutes leurs qualités aux yeux de l'Europe attentive aux évolutions de ces masses formidables. Les combats de Montebello et de Palestro n'étaient qu'un prélude, prélude brillant sans doute, mais qui ne faisait attendre la grande pièce qu'avec une anxiété plus grande encore.

Si nous nous étions donné pour tâche de raconter la campagne d'Italie, nous devrions peut-être profiter du moment pour dire ici quelques mots des hommes d'élite qui marchaient à la tête de l'armée. Mais tel n'est point notre but. Nos héros ne sont ni Mac-Mahon, qui allait conquérir sur le champ de bataille le bâton de maréchal de l'Empire, et le titre de duc de Magenta; ni ce savant et brave Niel, qui avait remplacé le général Bizot, sous les murs de Sébastopol; ni Ladmirault, ni Trochu, ni Lamotte-Rouge, ni Camou, ni Mellinet, ni tant d'autres dont les noms accourent sous la plume dès qu'il s'agit de ces grands évènements. Tous ces noms appartiennent à l'histoire, à celle qui s'écrit en gros et forts volumes destinés aux bibliothèques.

Nos héros sont plus modestes.

Ils appartiennent à peu près aux derniers rangs de l'armée. C'est Jean Pecqueur, le brave campagnard de Sainte-Suzanne, qui se dépouille chaque jour du vieil homme et se rend de plus en plus digne de ne rentrer sous le toit paternel qu'avec l'épaulette d'or, qui fera pleurer de joie sa bonne vieille mère : pauvre femme qui, certainement, a cru cent fois son fils mort, et n'en a pas moins toujours prié pour lui; c'est Anatole Fusié, c'est le père Zou-Zou, c'est le Parisien dit Gringalet, sans oublier Ben-Ticket, ni la belle Saïda, ni surtout Albert de Basso-Campo qui désormais sert dans nos rangs.

L'amitié qui s'est formée entre les quatre derniers, pendant les quelques jours qu'ils ont résidé en convalescence à Ventiglia, les accompagnera partout. Au milieu des fortunes diverses qui leur sont réservées, ils ne se reverront jamais sans plaisir, et, après chaque grande bataille, quand ils se retrouveront vivants, ils seront heureux de pouvoir encore se raconter, les uns aux autres, les émotions de ces chaudes et terribles journées.

Laissons-les donc aller rejoindre les nouveaux corps dans lesquels ils sont appelés pour remplir les vides des cadres.

Anatole Fusié passe avec son grade dans les grenadiers de la garde, Jean Pecqueur et le père Zou-Zou feront désormais partie du 2ᵉ régiment de zouaves, où Albert de Basso-Campo parvient à se glisser en amateur pour ne pas se séparer de son ami. Qu'il combatte sous le drapeau français ou dans les rangs des soldats de Victor-Emmanuel, n'est-ce pas toujours se battre pour la patrie italienne, une et indépendante? Quant au Parisien dit Gringalet, il entre avec les galons de caporal dans l'un des deux régiments qui, au titre étranger, sont toujours à la solde de la France.

Dire qu'ils partirent sans donner quelques regrets à cette charmante et hospitalière maison de Ventiglia ne serait pas exact et témoignerait de cœurs peu reconnaissants. Ils y avaient été trop bien reçus, ils avaient pu trop confortablement s'y reposer et y guérir les légères blessures reçues dans les premiers combats. D'ailleurs ce n'est pas d'ingratitude qu'on pourra jamais accuser le soldat français. Mais le devoir les réclamait, et ce fut avec une certaine gaieté qu'ils reprirent la route des cantonnements de l'armée.

Toutes les troupes étaient alors en mouvement. Les différents corps dont se composait l'armée exécutaient une de ces manœuvres qui, à un moment donné, permettent à un chef habile de mettre en ligne toutes ses forces en même temps. On se disposait à quitter la province de Novare, dernière possession du roi de Sardaigne de ce côté, et à envahir la Lombardie afin de porter la guerre sur le territoire ennemi.

On était aux derniers jours de mai, et par conséquent la campagne était encore couverte de toutes ses moissons. De tous côtés, dans ces grandes plaines entretenues à plaisir à l'état marécageux, s'étendaient de vastes rizières, coupées çà et là de bouquets d'arbres et surtout de longues allées de mûriers, au milieu desquelles s'enlaçaient des guirlandes de vignes.

Le Tessin à franchir de façon à manœuvrer sur la rive Lombarde comme elle avait la facilité de le faire actuellement sur la rive Piémontaise, c'était là le but que se proposait avant tout l'armée française. L'opération ne se présentait pas sans des difficultés sérieuses. Car en dehors de ceci, que le passage d'une rivière est toujours une chose grave pour une armée et surtout pour une armée considérable, dans l'occurrence présente la gravité était double; car derrière le Tessin et à une distance assez proche se trouvait le grand canal d'irrigation qui coule parallèlement au Tessin. Ce *Naviglio-Grande* forme comme une seconde rivière.

Le général de Mac-Mahon fut le premier qui reçut l'ordre de porter ses troupes sur la rive Lombarde du Tessin, et d'assurer en prenant position le grand mouvement offensif qu'allait opérer toute l'armée française.

Les Autrichiens, tout en se gardant avec une rare prudence, ne paraissaient guère disposés à livrer une de ces grandes batailles dont la perte ou le gain décident du sort des provinces et quelquefois des empires. Vainement avait-on cru qu'ils nous attendraient dans ces champs de Novare, célèbres par le dernier acte héroïque du roi Charles-Albert, le père de Victor-Emmanuel. Ce champ de bataille que la nature semble avoir formé tout exprès pour servir de théâtre aux grandes hécatombes de l'humanité, nous avait été abandonné sans coup férir. Massant leurs forces pour mieux nous accabler de leur nombre et recevant sans cesse des renforts qui, des provinces les plus lointaines de l'Empire, étaient envoyés dans la Lombardie, les Autrichiens nous attendaient derrière le Tessin et le Naviglio-Grande.

Au reste, rien n'était plus pittoresque à l'œil que le campement de cette armée autrichienne, qui avait réuni pour le combat bien près de cent cinquante mille hommes. Des troupes de toutes armes étaient éparses dans ces riches plaines lombardes, chargées de moissons, que la faucille ne devait pas couper.

Des régiments entiers s'établissaient au milieu des blés, dont la taille dépassait celle des plus beaux grenadiers. D'autres campaient sous les arbres et goûtaient les plaisirs de Tityre en attendant que le clairon ou le tambour les appelassent aux armes.

Dans ces cantonnements champêtres, les arbres servaient de tentes et les armes seules rangées en faisceau et rayonnant au soleil annonçaient qu'au premier moment le signal de la bataille pouvait être donné. La gaieté régnait souvent à ces bivouacs en plein air, et, absolument comme les nôtres, ces régiments bariolés de nationalités diverses avaient leurs loustics et leurs conteurs. Il y avait là des Allemands, des Hongrois, des Italiens, des Polonais, des Croates, et dans chaque groupe quelque historien improvisé avait à dire soit une légende, soit un souvenir de la patrie absente, soit quelqu'ancienne histoire du régiment.

Voici par exemple le 7ᵉ régiment de uhlans, presque entièrement composé de Croates, en avant du village de Robechetto. Il fait une de ces chaudes journées du commencement de juin qui engagent tout le monde à se livrer aux charmes de la sieste et du *far niente* pendant les heures ardentes du jour. Les chevaux sont au piquet, abrités contre les rayons d'un soleil trop violent par des toiles étendues qui, au besoin, pourraient servir de tentes. Mais les hommes préfèrent les couchettes qu'ils s'improvisent avec des herbes fraîches et l'ombre des arbres. Les armes sont à leur place et rien ne fait présager qu'on doive être dérangé de sitôt.

Aussi, pendant que chacun cherche la position qui le mettra le mieux à l'abri des incommodités de la chaleur, cause-t-on avec un entrain général.

C'est un Allemand entré au régiment au commencement de la campagne qui a la parole, et il n'a pas l'air de vouloir la céder à son voisin.

— Moi, dit-il avec un accent qu'aurait parfaitement remarqué une oreille germanique, je suis né en Souabe et je suis complètement satisfait d'avoir embrassé la carrière militaire. Cela me fait voyager.

Qu'aurais-je vu dans mon village? Toujours les mêmes choses, les mêmes maisons et les mêmes visages. Et l'homme n'est pas absolument né et créé pour cela.

L'an passé j'étais en Hongrie et j'avais commencé par tenir garnison à Ulm. Maintenant nous voilà en Italie après être resté deux mois dans le Tyrol. Cette vie me convient admirablement. Si jamais je rentre au village, je pourrai bavarder avec les anciens et parler de tous ces pays que quelques-uns d'entre eux ont vu dans leur jeune temps. On m'écoutera parce que j'ai toujours bien soin, quand je vais dans une ville nouvelle, de visiter les monuments pour avoir au retour quelque chose à raconter.

— Je n'en fais pas si long, dit un vieux Croate en peignant et allongeant avec les doigts les poils de sa moustache grise qui mesuraient bien quatre pouces.

— Et pourquoi?

— Parce que je ne rentrerai jamais au village. Je resterai au régiment tant qu'on voudra me garder, et j'espère que ce seront les camarades qui m'enterreront.

— Moi, je veux revenir. Gretchen m'aura attendu.

— Qu'est-ce que Gretchen?

— C'est la fille de l'aubergiste, près du pont. Elle n'a pas les yeux et les cheveux noirs comme les Milanaises. Elle a les cheveux blonds et les yeux bleus; mais je la préfère ainsi.

— Et quand tu rentreras, Mlle Gretchen ne t'aura pas attendu.

— Pourquoi dis-tu cela?

— Parce que l'amour s'envole quand l'amoureux n'est pas là. Demande à toutes les femmes, elles te diront que voilà le plus vrai de tous les proverbes.

— Tu ne connais pas Gretchen.

— Sans doute, puisque je n'ai jamais mis le pied dans ton village.

— Alors tu ne sais pas ce qu'elle m'a promis.

— Je l'ignore; mais je sais que les femmes promettent beaucoup, promettent toujours et tiennent rarement.

— Je ne demandais rien, et seul de tous les jeunes gens de mon village je n'avais ni promise ni bonne amie. J'étais timide. Je n'osais demander à aucune jeune fille de me choisir. Aussi, j'étais presque toujours seul. Un soir, que j'étais chez son père, attablé devant un pot de bière, Gretchen s'est approchée de moi par derrière et m'a demandé pourquoi mon visage ne riait jamais comme celui de mes compagnons d'enfance. C'est que je n'ai personne qui me parle doucement, répondis-je. Alors, Gretchen prit une fleur qui était à son corsage et me la donna en me faisant un sourire qui me parut plus beau que le plus beau rayon de soleil. Depuis ce moment, pas un jour ne s'est écoulé sans que j'aie pensé à Gretchen. Quand je fus tout à fait en âge d'être soldat, j'allai la voir avant de suivre ma détermination. Tu fais bien, me dit-elle. Pars; vois du pays. Apprends tout ce que tu ignores, et reviens homme, je t'attendrai.

— Et tu crois qu'elle t'aura tenu parole?
— Oui.
— Elle voulait se débarrasser de toi.
— Non, Gretchen est incapable d'une pareille tromperie. Elle est venue à moi quand je ne l'appelais pas et sans que personne pût la forcer. Pourquoi veux-tu qu'elle se soit jouée de moi?...
— Est-ce que je sais le pourquoi? Avec les femmes on ne le sait jamais. Mais on doit partout et toujours s'attendre à tout, si l'on ne veut pas être dupe.
— Tu te trompes ou tu veux me tromper, parce que, comme Gretchen, tu as reconnu que j'étais un peu simple. Mais elle m'a dit de voir du pays pour me former; tandis que toi, si je t'écoutais, tu me ferais méchant.
— Allons, allons! ne te fâche pas, et crois tout ce que tu voudras.

— Quand je suis parti de mon village, jamais je n'avais osé parler devant un homme, parce que je craignais toujours de faire rire de moi si je disais une chose peu sensée. Maintenant, je sens que je puis paraître devant tout le monde. J'ai vu autant que les autres, et si je n'ai pas lu dans les livres, du moins j'ai appris bien des choses que les livres contiennent. Si Gretchen me voyait aujourd'hui pour la première fois, je ne sais pas si comme jadis elle viendrait savoir pourquoi je m'attable tout seul devant un pot de bière; mais je suis persuadé qu'elle serait heureuse et fière de me trouver capable de tenir tête aux plus savants du village, parlant sans timidité et n'ayant plus honte de m'en aller avec qui que ce soit.

— Eh bien! Fritz, voilà qui est sagement et vigoureusement raisonner. Avec de semblables dispositions tu ne peux manquer d'aller loin, mon garçon, si on ne t'arrête pas en chemin.

— Peut-être bien, répondit l'Allemand sans chercher un sens mauvais à ces paroles.

— Laissez donc tranquille ce brave homme, qui ne vous a rien fait pour le turlupiner de la sorte. Tant pis pour vous, si vous ne comprenez pas ce qu'il a dans le cœur. Je vous plains, si vous n'avez pas comme nous tous une Gretchen à laquelle vous pensez sans cesse, en Italie comme en Allemagne, partout où nous mène notre carrière aventureuse, et auprès de laquelle vous voulez revenir un jour pour être heureux.

Celui qui parlait ainsi, était un de ces beaux Hongrois madgyares dont la race sert de lien vivant entre les premières races orientales d'Asie et les races occidentales d'Europe. Il passait pour le plus bel homme du régiment, et pour peu qu'il s'y fût prêté, nul n'aurait pu compter de plus brillantes conquêtes féminines dans les garnisons. Mais il n'y avait place dans son cœur que pour une seule passion, la patrie hongroise. En dehors de ses devoirs de soldat, il n'y avait qu'une seule pensée : voir son pays libre et indépendant, tel qu'il avait été jadis au temps des diètes et des grandes *tables* des magnats.

Ainsi dans un seul de ces campements agrestes que nous avons essayé de décrire, se dessinaient les caractères divers de toute l'armée autrichienne. Chose bizarre au milieu de toutes ces nationalités, bien souvent les proverbes qui nous servent depuis des siècles à les caractériser se trouvaient menteurs : l'Allemand se montrait conteur et quelquefois spirituel, tandis que l'Italien était généralement sentimental et rêveur, et le Hongrois presque toujours farouche.

Ces différences ne les empêchaient pas de marcher tous avec un ensemble admirable sous le drapeau, et de témoigner par là de la force de cohésion que peut imprimer la discipline aux éléments les plus disparates. Durant toute cette campagne, si rapide, mais en même temps si formidable, soit par le nombre des combattants qui furent mis en ligne de part et d'autre, soit par les coups qui furent portés, l'armée autrichienne, dans toutes les rencontres, mérita l'admiration, au double point de vue de la bravoure et de la précision des manœuvres. Parler ainsi des adversaires que combattit notre armée française, n'est que leur rendre la justice qui leur est due.

XXI

Cependant de toutes parts, tout faisait présager qu'on était à la veille de grands événements décisifs pour le reste de la campagne. De quelque côté que vînt l'attaque, il était évident qu'elle était imminente. Si l'armée française manœuvrait, pour se porter en masse d'une rive à l'autre du Tessin, on voyait également qu'une grande activité régnait dans l'armée autrichienne ; les officiers d'état-major étaient sans cesse en mouvement, portant des ordres à tous les chefs de corps qui se tenaient au milieu de leurs troupes, prêts à donner le signal de la prise des armes et à répondre au premier appel ; à toute heure, à toute minute le signal pouvait venir.

Ce fut pendant ces alternatives et sur ces entrefaites que la nouvelle du passage du général Mac-Mahon sur la rive gauche du Tessin fut apportée au quartier général autrichien.

Le général de Mac-Mahon, déjà illustré par les

guerres d'Afrique et la part glorieuse qu'il avait prise à la conquête de la tour Malakoff en Crimée, commandait un corps qui, renforcé de la division de la garde, sous les ordres du général Camou, devait former le pivot sur lequel allait s'appuyer toute l'armée pour le passage de la rivière et du *Naviglio Grande.* Ce corps avait remonté la rivière à quelques kilomètres au-dessus du magnifique pont de pierre de Buffalora, que la mine autrichienne avait tenté vainement de faire sauter. L'explosion de la mine n'avait produit que l'affaissement de deux arches, mince dommage, qui avait été en quelques heures réparé par nos officiers du génie d'une façon suffisante pour que l'artillerie elle-même pût passer avec sécurité. Ce pont de pierre et les ponts de bateaux qu'on jetait, voilà toutes les voies ouvertes à l'armée française.

L'arrivée de Mac-Mahon, avec toutes ses forces sur la rive gauche, rendait la manœuvre d'une extrême facilité, si on donnait au général le temps de prendre des positions qui le mettraient en relations permanentes avec toutes les troupes débouchant du pont de Buffalora.

C'était une grande nouvelle que celle qu'on venait d'apporter au quartier général autrichien.

Aussitôt, il y eut comme un ébranlement électrique sur toute la ligne. Adieu les doux plaisirs de la sieste pendant les grandes chaleurs du jour sous ces beaux arbres italiens dont la fraîcheur est si douce! Adieu les histoires et les causeries! Les chefs sont à cheval, les hommes ont pris les armes et, à tout instant, des bataillons, des régiments sont commandés pour pousser de fortes reconnaissances dans tous les sens.

Un des premiers qui reçut l'ordre de se mettre en marche fut le régiment de uhlans au milieu duquel nous avons trouvé le pauvre Allemand Fritz faisant part à ses camarades de ses sentiments à l'endroit de Mlle Gretchen. Ordre lui était donné de s'aventurer silencieusement à travers les grands blés déjà jaunissants, les bouquets de mûriers et les vignes dont les festons accidentaient toute cette campagne. Il devait ainsi s'avancer jusqu'à Robechetto, éclairant la marche d'une nombreuse infanterie qui se portait sur ce village pour en assurer la possession entre les mains des Autrichiens. Tout cela fut facile à accomplir jusqu'au village qui fut occupé par l'infanterie autrichienne sans brûler une amorce.

Mais quand, poursuivant leur marche, les uhlans se portèrent en avant dans la direction qui devait les éclairer sur les intentions de l'armée française, ils ne tardèrent pas à rencontrer les premiers tirailleurs qui précédaient les colonnes du général Mac-Mahon.

La fusillade s'engagea sur-le-champ, et cette première rencontre, commencée en escarmouche, se changea promptement en véritable combat, capable par conséquent de précipiter les événements.

Comprenant en effet toute l'importance de Robechetto, village dont la position domine toute cette partie de la rive gauche du Tessin, le général Mac-Mahon, dès qu'il entend les premiers coups de fusil de ses tirailleurs, devine sur-le-champ ce qui s'est passé. Aussitôt ses aides-de-camp et ses officiers d'ordonnance partent de tous côtés pour porter ses ordres.

Bien que l'ennemi soit à peu près invisible, perdu dans des champs de blé et dans des vignes, il faut lui livrer bataille et nettoyer la place jusqu'à Robechetto, entrer dans ce village et en faire la base des opérations ultérieures. Pour cela, il n'y a pas un moment à perdre, et puisque l'ennemi a commencé à se montrer, il faut lui donner la chasse et ne s'arrêter que lorsque le but aura été atteint.

Un régiment de tirailleurs algériens, vulgairement appelés *turcos*, est le premier qui se trouve sous la main du général pour être employé à cette besogne urgente. Dans ce régiment, récemment formé en Algérie pour les besoins de la guerre d'Italie, les Français de la vieille France sont dans une infime minorité. Les Africains dominent dans les rangs, et presque tous les officiers subalternes sont nés ou sous la tente au désert ou dans les montagnes de la Kabylie. La langue arabe est mieux comprise que la langue française, et souvent les chefs sont obligés de recourir à l'interprète pour se faire comprendre de leurs soldats. Mais qu'importe. Ces hommes sont d'une bravoure que nos généraux ont maintes fois éprouvée. Si c'est la première fois qu'ils se trouvent en rase campagne, en face de troupes européennes, ils ne s'en battront que beaucoup mieux et avec plus d'ardeur.

Le général Mac-Mahon n'hésite pas. Il sait qu'on peut compter sur les turcos comme sur les troupes les mieux aguerries, et les électrisant par quelques mots magiques, il les lance à la conquête du village de Robechetto. Dire la furie d'élan qui emporta ces sauvages Africains comme un tourbillon, serait impossible. Ils se précipitèrent en avant en poussant des cris féroces qui auraient fait reculer d'effroi les lions et les panthères. Si les Autrichiens reçurent intrépidement ce premier choc, c'est que c'étaient de braves gens qui auraient mérité de vaincre, si la victoire pouvait appartenir à tous les combattants.

Parmi tant de héros, il en est un que nous devons mentionner, parce que c'est la première fois que nous le rencontrons sur les champs de bataille italiens, après avoir fait accidentellement connaissance avec lui sur d'autres champs de bataille. Nos lecteurs ont nommé Ben-Ticket, l'époux de la belle Saïda, dont le Parisien dit Gringalet nous a raconté l'histoire.

Nous le retrouvons ici au milieu des turcos, sur lesquels il a conquis une grande autorité par sa bravoure à toute épreuve. C'est Ben-Ticket qui, le premier, a poussé le formidable cri de guerre des tirailleurs algériens, et à sa suite, semblables à une meute de bêtes fauves déchaînées, les turcos ont couru sur les Autrichiens, dédaignant le feu de leurs fusils, et ne se servant guère que de la baïonnette. Une heure a suffi pour rendre libre l'accès de Robechetto, et le village lui-même est tombé rapidement au pouvoir de ces soldats, qui ont eu besoin d'être arrêtés, pour ne pas poursuivre l'ennemi jusqu'au cœur de ses lignes.

Au reste, s'il se contenta de ce premier succès, c'est que le général de Mac-Mahon prévoyait bien qu'il ne pouvait y avoir rien de décisif dans cette première journée, et qu'au contraire, trop de précipitation pouvait nuire au grand mouvement offensif auquel toute l'armée devait contribuer et prendre part avec ensemble.

En effet, ce combat d'avant-poste ne fut que le prélude des batailles qui se livrèrent les deux jours suivants.

Notre intention n'étant pas de nous faire les historiens de la campagne d'Italie, contentons-nous d'ajouter que ces journées s'appellent Turbigo et Magenta. Ces noms disent tout.

Néanmoins, faisons une mention spéciale d'Anatole Fusié ; lui-même ne pourra pas nous raconter la part qu'il a prise à la lutte héroïque soutenue par les grenadiers et les zouaves de la garde au moment où, croyant le passage libre, ils venaient de traverser gaîment le pont de Buffalora. C'est pourquoi nous devons le remplacer.

Pendant plusieurs heures les grenadiers et les zouaves de la garde eurent seuls à supporter le poids des masses considérables d'Autrichiens qui se pressaient pour couper l'armée française en tronçons dont on aurait eu raison en détail.

Anatole Fusié, fier du régiment nouveau où il avait porté ses galons de sergent-major, n'attendait qu'une occasion pour montrer à ses chefs qu'ils avaient bien fait de l'appeler à ce poste d'élite. Elle s'offrit naturellement dans cette journée si féconde en péripéties. Car, à Magenta, il y eut des périls et de la gloire pour tout le monde. Officiers et soldats rivalisèrent de zèle, de bravoure, d'énergie, de ténacité, d'héroïsme. Cette bataille-là fit voir à l'Europe que ces soldats de la jeune France étaient bien des fils des hommes d'Arcole et d'Austerlitz, et les fils non dégénérés. Ils se montrèrent, pour le moins, aussi grands que leurs pères.

Il y eut surtout un moment où l'anxiété fut grande de tous côtés.

Les Autrichiens occupaient quelques maisons qui bordaient la route, à droite et à gauche à Ponte-Nuovo-di-Magenta. Pas moyen d'avancer ni de tenir en place tant qu'on ne se serait pas rendu maître de ces sept ou huit bicoques, d'où l'ennemi faisait pleuvoir un feu nourri et fort habilement dirigé de mousqueterie pendant que sur la route l'artillerie nous foudroyait. Déjà les fossés à droite et à gauche étaient pleins de nos morts et de nos blessés. Et parmi eux on comptait les officiers en grand nombre, les épaulettes d'or étant un admirable point de mire pour les tireurs tyroliens.

Coûte que coûte, il fallait sortir de cette position, qui s'aggravait de minute en minute. C'était un assaut formidable à donner à ces maisons, un de ces assauts que comprennent seuls et que savent seuls exécuter les soldats français qui, tout en restant fidèles à la discipline, ont toujours conservé quelque chose de leur volonté et de leur énergie individuelles.

Zouaves et grenadiers se précipitent d'un même élan. Les turbans sont mêlés aux grands bonnets à poils. Qu'importe! c'est à qui arrivera le premier!

Le général Cler, cher à tous les soldats d'Afrique et de Crimée, marche à la tête de cette colonne héroïque. Le galop de son cheval devance à peine la course des soldats. On touche déjà aux maisons. L'assaut va commencer, et avec lui la grande lutte corps à corps. Un coup de feu part d'une des fenêtres de la première maison. Le général chancelle sur son cheval, puis tombe pour ne plus se relever. La balle l'a frappé à la tête et la blessure est mortelle.

Il y eut un moment d'hésitation parmi les assaillants, moment presque aussi rapide que la pensée. Mais aussitôt une voix se fait entendre, et cette voix claire, stridente, impérieuse, domine tout le fracas et le tumulte de la bataille.

— Vengeons-le! Grenadiers, en avant!

Et grenadiers et zouaves reprennent leur course avec une ardeur nouvelle qu'aiguillonne encore la soif de la vengeance.

Ce qui suivit, tout le monde le sait; les maisons furent emportées d'assaut. Les grenadiers et les zouaves s'y établirent, attendant des renforts qui leur arrivèrent lentement d'abord, puis de tous les côtés, de telle sorte que la besogne était déjà fortement allégée lorsque le canon de Mac-Mahon se fit entendre sur la gauche. Quelques heures après, ce général opérait lui-même sa jonction avec les troupes de Ponte-Nuovo-di-Magenta, ayant accompli ce magnifique mouvement tournant qui assurait le succès complet de nos armes et l'entière défaite des ennemis.

Mais ce qu'on ne sait pas aussi généralement, c'est que le cri : Grenadiers, en avant ! avait été poussé par Anatole Fusié quand il avait vu un certain désordre dans les rangs à la mort du général Cler. Sergent-major, il prenait le commandement de la première escouade qui se trouvait à sa portée, entraînant les hommes avec une passion qui devait tout renverser sur son passage. Il ne s'arrêta que lorsque la dernière maison fut tombée en notre pouvoir, et lorsque les Autrichiens, culbutés de toutes parts, eurent renoncé de ce côté à tout mouvement offensif. Alors il put penser à lui-même, et les grenadiers qui l'avaient suivi avec enthousiasme le virent s'affaisser et tomber privé de sentiment.

Comme on peut bien le penser, ces braves gens se hâtèrent de lui porter secours. Alors seulement on s'aperçut que ses habits étaient couverts de sang, et ce sang n'était pas entièrement celui de l'ennemi. Anatole y avait largement mêlé le sien; car il ne s'était point épargné pendant l'action, et les coups de l'ennemi n'étaient point tous tombés sur ses camarades. Il avait sa bonne part de blessures et de contusions. Un coup de baïonnette avait traversé le bras et endommagé les côtes; de larges contusions couvraient toute la poitrine. Quand il ouvrit les yeux, Anatole Fusié était à l'une des ambulances du quartier-général. C'est là qu'il apprit que l'empereur lui avait donné l'épaulette sur le champ de bataille. Quelques jours après, une nouvelle récompense fut ajoutée à la première.

Anatole fut fait chevalier de la Légion-d'Honneur.

Mais, hélas! tout cela n'empêchait pas le pauvre garçon de perdre chaque jour le peu de forces qui lui restaient. On eut beau l'installer dans un des meilleurs hôpitaux de Milan, et lui prodiguer tous les soins que réclamait son état, rien n'y fit. La fièvre et le délire s'emparèrent du jeune homme et augmentèrent encore les craintes que faisaient concevoir ses blessures. Bientôt les médecins eux-mêmes ne conservèrent plus aucune espérance. Dix jours après la bataille de Magenta, le jeune Parisien expirait loin de sa mère à laquelle il donnait sa dernière pensée, et chose triste, mais qu'expliquent les hasards de la poste, pendant qu'elle se réjouissait de son épaulette et de sa croix d'honneur.

XXII

De tous ces humbles héros dont j'ai entrepris de raconter l'odyssée guerrière, Anatole Fusié fut le seul auquel il arriva malheur à la journée de Magenta. Tous cependant y assistèrent et s'y conduisirent en hommes de cœur, qui ont déjà eu l'occasion de voir la mort en face.

Jean Pecqueur y échangea ses galons de laine contre les galons d'or de sergent. Il est vrai que pendant l'action il montra partout où se porta son régiment cette bravoure innée chez nos habitants des campagnes qui, une fois qu'ils ont vu le feu, ne s'émeuvent ni ne s'étonnent plus de rien. Pendant leur séjour à Ventiglia, le père Zou-Zou avait eu le temps de bien connaître Jean Pecqueur et d'apprécier tout ce que valait ce jeune homme. Il l'aimait presque comme un fils. Or, cet homme, vieilli sous le harnais, échappé comme par un miracle à toutes les morts embusquées sur les champs de bataille d'Afrique et de Crimée, c'était la tradition incarnée des régiments de zouaves, et partout où il passait il inspirait le respect, quoiqu'il n'eût jamais occupé que le plus inférieur de tous les grades militaires, et encore au bout de quelque temps, avait-il préféré son indépendance à toutes les distinctions.

Jean Pecqueur et le père Zou-Zou combattirent côte à côte à Magenta, et plus d'un coup, dans la lutte corps à corps qu'ils eurent à soutenir contre une bande autrichienne, plus d'un coup qui aurait pu être fatal à l'un ou à l'autre fut détourné par le voisin, de telle sorte qu'ils purent se tirer sains et saufs de cette immense bagarre dans laquelle beaucoup de leurs camarades n'eurent pas à beaucoup près le même bonheur.

Aussi, le lendemain, après avoir couché sur le champ de bataille, quand l'armée victorieuse put se reconnaître et remettre l'ordre dans ses rangs, Jean Pecqueur et le père Zou-Zou se jetèrent dans les bras l'un de l'autre comme deux frères. Ils n'eurent gardent d'oublier Albert de Basso-Campo qui pendant toute la journée avait combattu sur leurs talons.

Une grande et nouvelle joie leur état réservée.

Tout à coup les clairons sonnèrent, les tambours battirent aux champs. Evidemment, quelque chose d'extraordinaire se passait dans le corps de l'armée.

En effet le général de Mac-Mahon rentrait du grand quartier général. Il venait d'être fait maréchal de l'empire sur ce vaste champ de bataille si vaillamment conquis par lui, et le titre de duc de Magenta devait s'ajouter désormais à son vieux nom historique. Toute l'armée applaudit à ces grandes récompenses accordées à l'un de ses chefs. Seul peut-être entre tous, le nouveau duc de Magenta trouvait que ses services étaient trop largement payés par ces hautes dignités. Car, aussi modeste que brave et distingué, le général de Mac-Mahon a toujours apporté sous la tente cet immense amour du bien public qui fait exécuter simplement les plus grandes actions dès qu'il s'agit de rendre service à la patrie. Partout on est sûr de le rencontrer brave, dévoué, intelligent, ne reculant jamais, ne fléchissant même point dès que la conscience a parlé. Nature à la Desaix, il s'oublie complètement lui-même, et conserve toujours devant les yeux l'image du devoir.

Le corps qu'il commandait fut rapidement passé en revue par le nouveau maréchal de l'empire. Chaque fois qu'il passait devant l'un des drapeaux qui la veille avaient servi de point de ralliement à tant de braves gens, on remarquait sur sa mâle figure un épanouissement de joie ; mais quand il fut devant l'aigle du 2e zouaves, il ne put se retenir, et témoigna à voix haute son contentement. Il est vrai que le régiment et le général se connaissaient de longue date, et que plus d'une fois ils avaient marché ensemble à la bataille et à la victoire. Mais, à Magenta, non-seulement le 2e des zouaves s'était montré à la hauteur de sa vieille réputation, mais encore il s'était surpassé, et entre autres choses il avait rapporté comme trophée un drapeau pris à l'ennemi. Cela méritait une récompense exceptionnelle qui devait être accordée quelques jours après.

Voyez, c'est encore le 2e zouaves qui est rangé en bataille devant le duc de Magenta.

Le maréchal est descendu de son cheval. Il marche, laissant à une certaine distance les officiers de son état-major. L'officier qui porte l'aigle s'est avancé entouré de la garde du drapeau. Dans cette troupe d'élite vous pourriez reconnaître Jean Pecqueur avec ses nouveaux galons de sergent et le père Zou-Zou qui est toujours là comme le plus ancien du régiment ; derrière eux marchent deux clairons chargés de transmettre tous les commandements. Le régiment entier présente les armes : l'aigle va recevoir la croix de la Légion d'Honneur.

C'est la première fois depuis longtemps que pareille chose se passe dans un régiment français. Aussi faut-il voir l'émotion profonde que produit ce spectacle sur tous ces cœurs, peu accessibles cependant à toute espèce de sensibilité. Il ne faudrait pas faire grand effort pour faire venir des larmes dans tous les yeux. Le père Zou-Zou lui-même éprouve un je ne sais quoi qui lui est totalement inconnu ; il ne peut s'empêcher de dire à Jean Pecqueur, quand le maréchal a fini sa harangue :

—Nom d'un nom ! je crois que voici le plus beau jour de ma vie.

La victoire de Magenta ouvrit à l'armée française les portes de Milan.

Précipitant sa retraite, l'armée autrichienne alla chercher sur les bords du Mincio de nouvelles positions et de nouvelles lignes d'opérations. Là, s'appuyant sur les places fortes qui occupent les quatre angles du fameux carré des Othons, elle se réorganisa, se reconstitua, reçut de nouveaux renforts des provinces lointaines, et se disposa une nouvelle fois à tenter le sort des batailles.

Pendant ce temps, l'empereur des Français et le roi Victor-Emmanuel faisaient leur entrée dans la capitale de la Lombardie, qui accueillait les vainqueurs de Magenta avec les démonstrations de la joie la plus vive et comme on doit accueillir des soldats libérateurs.

Ce fut un répit de quelques jours et que toute l'armée sut admirablement mettre à profit, les officiers donnant l'exemple aux soldats.

Milan est une grande ville pleine de ressources où, malgré l'encombrement nécessairement produit par cette masse considérable de troupes, on put facilement varier l'ordinaire du bivouac. La Lombardie est un pays si fertile et si riche, que, nonobstant les malheurs inhérents à cette rude guerre, on trouvait à Milan des provisions de toutes sortes qui firent bientôt oublier quelques jours de privation.

Parmi les soldats les plus heureux, hâtons-nous de mentionner nos amis.

XXIII

Albert de Basso-Campo avait facilement déterminé Jean Pecqueur et le père Zou-Zou à se faire détacher avec quelques hommes que les besoins du service ne réclamaient pas impérieusement an village de Partinozza qu'on rencontre à quelques kilomètres au nord de Milan. Dans ce village comme à Ventiglia, Albert de Basso-Campo possédait un domaine qu'il voulait mettre à la disposition de ses amis, et s'il faut tout dire, il voulait, lui aussi, sans avoir l'air d'abandonner ses compagnons, se rapprocher des Italiens qui combattaient dans le Nord et voir s'il n'y aurait pas moyen de faire promptement pour Venise ce qu'on venait de faire pour la Lombardie.

Dans toutes les intelligences italiennes, il y a toujours un coin de l'esprit qui se plaît aux choses ténébreuses et aux conspirations. S'ils parviennent jamais à pouvoir discipliner les forces qu'ils ont pendant trop longtemps perdues dans des menées secrètes et les ressources morales et physiques qu'ils ont éparpillées dans des opérations clandestines et à les discipliner en étalant au grand jour, comment ils le peuvent aujourd'hui, leur but et leurs visées, les Italiens ne tarderont pas à conquérir une large place au soleil et à redevenir un des plus grands peuples du monde, destinée à laquelle les appellent et leur esprit et les puissances vives de leur organisation.

Partinozza est l'un des plus ravissants villages qui se puissent voir.

Assis sur les bords d'une rivière limpide, qu'on passe à gué quand de l'autre rive on veut arriver tout de suite et sans faire le moindre détour au centre du village, en face d'une église pittoresque, il contient une population laborieuse et intelligente qui a toujours eu une grande réputation de patriotisme en Lombardie.

Dans nul autre endroit la guerre actuelle n'était plus populaire, et les paysans se tenaient toujours à l'affût des nouvelles qui pouvaient assurer la réalisation de leurs rêves les plus chers. Pendant la bataille de Magenta, dont le canon s'est fait entendre à plusieurs lieues à la ronde, tout le village était en l'air. L'anxiété se lisait sur le visage des hommes, des femmes, des enfants. On causait peu dans les groupes, mais la curiosité n'en était pas moins éveillée dans tous les cœurs et dans tous les esprits.

Il y eut un moment où un groupe de cavaliers se précipita dans la rivière, et vint remonter au galop des chevaux la berge sur laquelle se tenaient les villageois en grand nombre, dans cette espèce d'amphithéâtre naturel que la rivière découpait devant l'église.

Parmi ces cavaliers, il était aisé de reconnaître un général, ses aides-de-camp, son état-major et l'escorte qui, d'ordinaire, accompagne les officiers-généraux. Ils étaient Allemands et parlaient avec animation, sans faire aucunement attention aux villageois qui pouvaient les entendre. Il est vrai qu'en général, les Italiens ont dédaigné d'apprendre la langue germanique. Mais parmi les paysans de Partinozza, se trouvait par hasard un vieux soldat qui avait longtemps tenu garnison dans les provinces allemandes de l'Empire, et qui entendit parfaitement tout ce que disaient les cavaliers. C'est ainsi qu'on apprit à Partinozza la défaite de Magenta.

Tant qu'il fut exposé au passage continuel des troupes autrichiennes, le village de Partinozza, pour éviter des malheurs qu'il n'aurait pu conjurer, dissimula autant qu'il lui fut possible la joie que lui causait la délivrance de la patrie. Mais en apprenant la prise de possession de Milan par les armées alliées et l'entrée triomphale des deux souverains, toutes les maisons furent soudain pavoisées, et ce fut avec des drapeaux tricolores à toutes les fenêtres que s'offrit d'abord le village aux regards étonnés et ravis de Jean Pecqueur, du père Zou-Zou et de leurs camarades quand ils arrivèrent sous la conduite d'Albert de Basso-Campo, qui se faisait encore une fois leur hôte.

Ce premier aspect séduisit tout d'abord nos soldats, toujours prompts à se laisser prendre aux manifestations extérieures. L'hospitalité d'Albert de Basso-Compo était à Partinozza ce qu'elle avait été à Ventiglia, luxueuse et prévenante autant que cordiale. C'était du superflu Dans ce village, grâce à l'accueil sympathique et enthousiaste qu'ils avaient reçu, nos soldats se seraient parfaitement accommodés de vivre avec les paysans. D'ailleurs, ils ne tardèrent pas, chacun de son côté, de faire des connaissances et de nouer des relations qui permirent, presqu'à l'arrivée, au père Zou-Zou, à Jean Pecqueur, ainsi qu'au jeune et hospitalier Albert de Basso-Campo, de vivre comme ils l'avaient fait à Ventiglia.

Cela se trouva d'autant mieux que, dès le lendemain de l'installation, on vit arriver le Parisien dit Gringalet, avec ses galons de caporal tout noircis par la poudre de la bataille. Il traînait à sa remorque un grand Allemand qu'il avait fait prisonnier.

C'était Fritz, l'amoureux de Mlle Gretchen.

L'arrivée de Gringalet fut saluée par une bienvenue générale. On fit même accueil à son prisonnier. Sortez-le du champ de bataille, le soldat français est le meilleur enfant du monde. Personne n'est plus sociable que lui. Il fraternisera et se familiarisera en quelques heures même avec des sauvages. Gringalet apportait avec lui cette heureuse insouciance narquoise qui n'appartient guère qu'aux enfants de Paris. C'est par là qu'ils se font partout remarquer, soit qu'on les incorpore dans les régiments de l'armée, soit qu'on les appelle à servir sur les navires de l'Etat.

Le père Zou-Zou n'avait pas toujours eu à se louer des interruptions du Parisien quand il racontait ses exploits de Crimée, et c'était même lui qui lui avait donné le nom de Gringalet, emprunté au répertoire dramatique en honneur dans les régiments. N'importe : en le voyant arriver dans le nouveau domaine d'Albert de Basso-Campo, il ne se souvint que de ses bonnes qualités et lui fit un accueil plein de chaleureuse amitié. Evidemment, toutes les vieilles niches et agaceries tapageuses de Ventiglia étaient totalement oubliées jusqu'à nouvel ordre.

— En voilà une qui a été dure ! dit le Parisien quand il se vit attablé au milieu de ses anciens amis. A-t-on jamais vu de pareils enragés ? Comme ça ils s'étaient mis dans la boussole qu'ils nous empêcheraient de passer ce charmant petit fleuve, sur lequel ils s'étaient avisés de dégrader le plus beau pont du monde ! Ah ! mais... Pas si vite, mes petits agneaux ! On ne compte pas ainsi les uns sans les autres, et il est toujours dans l'ordre de vérifier si le calcul est exact. A l'heure qu'il est, ils doivent être satisfaits de notre façon de faire l'addition.

— Je le crois, dit Jean Pecqueur en souriant, et je crois aussi qu'ils vont nous laisser dormir tranquilles pendant quelques jours.

— Pour ça, je n'en répondrai pas, dit le vieux soldat.

— Comment, père Zou-Zou, vous trouvez que la leçon n'a pas été assez sévère ?

— Je n'ai pas dit cela ; mais faut s'entendre pour se comprendre.

— Expliquez-vous donc, que nous puissions nous entendre. Je ne demande pas mieux.

— Et moi donc ?

— Alors, dites votre idée.

— Minute, et je suis à vous.

Là-dessus, le vieux zouave vida un grand verre de vin blanc résineux, pour mieux se mettre en voix, et commença son explication.

— Pour lors, fit le zouave en mettant les coudes sur la table et peignant amoureusement avec les doigts sa longue barbe grisonnante, m'est idée que nous n'avons vu l'autre jour que le commencement du commencement. Nous sommes entrés dans les affaires sérieuses. Mais, croire que cela se terminera de la sorte en un seul jour, voilà qui est une erreur, et si j'ai un conseil à vous donner, mes petits lapins, c'est de vous défier de semblables idées qui peuvent induire à mal un honnête homme. En Crimée, où j'en ai vu bien d'autres, chaque fois que nous croyions avoir gagné la tranquillité par quelque coup à faire frémir tous les grenadiers de l'univers, c'était alors que les Russes profitaient de la bonne occasion pour nous faire connaître leur ténacité. Ils ne rentraient dans leurs lignes que pour se reformer et revenir nous donner de la tablature. Or, m'est avis que ceux-ci sont de trempe analogue et de même tempérament. Je les ai vus à l'œuvre et je crois me connaître en hommes. Avant qu'il soit un mois écoulé, vous pourrez me dire si je me suis trompé.

— Eh bien! tant mieux, dit Gringalet. Quoique

le pays soit beau et parfaitement à ma convenance, nous ne sommes pas venus ici pour faire la sieste uniquement, et précisément nous régaler quand la sieste est achevée.

— Sans doute.

— Pourtant, tout ce que dit le père Zou-Zou n'est pas parole d'Evangile.

— Tu ne me trouveras jamais cette prétention, Gringalet de mon cœur; mais quand je te vois dire une chose, il m'est bien permis, je pense, d'exprimer mon opinion, même quand elle est contraire à la tienne.

— Libre, vous êtes parfaitement libre, mon vieux papa, aussi libre que l'oiseau qui chante là-bas en cachant son museau dans les lauriers-roses du parc.

— Voyons, voyons, dit Jean Pecqueur, reprenez votre conversation sans chercher sans cesse à vous asticoter comme deux gamins qui n'auraient rien de mieux à faire.

— Il a raison, le sergent. Aussi, père Zou-Zou, ne m'en veuillez pas C'est plus fort que moi quand il m'arrive jamais de vous dire une parole de travers. Il n'y a pas de malice.

C'est Gringalet qui parlait de la sorte et en même temps il tendait amicalement la main au vieux zouave en signe de complète réconciliation.

Le vieux lion d'Afrique ne se fit nullement prier pour serrer dans les siennes avec énergie et cordialité cette main qu'il savait loyale, et chassant aussitôt toute espèce de préoccupation qui aurait pu faire croire qu'il conservait un reste de ressentiment ou de mauvaise humeur, il reprit la conversation avec son entrain habituel.

— M'est donc avis que le service ne nous étouffant pas dans ce cantonnement du bon Dieu nous ferons bien, pendant que les camarades cherchent à se distraire dans le village, de nous distraire de notre côté.

— Je ne demande pas mieux, dit Gringalet. Je confesserai même que je n'ai pas à autre fin demandé la permission de venir passer quelques jours avec vous.

— Eh bien! invente quelque chose et si l'invention paraît bonne nous sommes prêts à te suivre partout où tu nous mèneras.

— Il n'est pas besoin de tant d'imagination que cela.

— Comment? Parle vite.

— En Crimée, vous aviez inventé de jouer la comédie parce que le temps vous paraissait bien long et que vous n'aviez ni bois pour vous chauffer en hiver, ni arbres frais sous lesquels vous puissiez chercher un peu d'ombre en été.

— Eh bien ! jouons la comédie ; j'en suis, je ferai les amoureuses, dit le vieux zouave.

— Oh ! non pas, ne soyons pas si bêtes.

— Que veux-tu faire alors ? Explique vite où tu veux en venir.

— A ceci, mon vieux père, que pour bien nous divertir et dignement, il faut profiter de l'occasion et jouir uniquement de ce que nous avons sous la main.

— Nous n'avons pas fait autre chose jusqu'à ce moment, il me semble.

— Evidemment non, mais tout en profitant de cette belle et bonne verdure qui nous environne et nous empêche de trop sentir les ardeurs du soleil d'été, il faut s'arranger pour que l'ennui ne vienne pas nous souffler dans le tuyau de l'oreille, qu'il serait peut-être bon d'aller retrouver les camarades ou dans les environs ou même à Milan. Pour cela, voici ce que je propose.

— Voyons, on t'écoute.

— Tous les jours à l'heure du déjeûner nous nous réunirons, et, quand le repas sera fini, nous nous coucherons sous les arbres, comme des vrais paresseux propres à rien, et nous dirons des histoires comme celles que nous racontions à Ventiglia.

— Bien trouvé, Gringalet.

— Et sans efforts d'imagination, ajouta celui-ci.

— Commençons tout de suite.

— En avant; marchons, comme dit notre vieille chanson.

Et tous les convives se levèrent joyeusement de table et s'engagèrent dans la première allée qui s'offrit à eux, à travers les ombrages du parc.

XXIV

Quoique nous n'ayons, en France, rien à envier aux autres peuples à l'endroit des grandes végétations, quiconque n'aurait vu que les coteaux de Meudon et de Bellevue, les forêts de St-Germain, de Compiègne et de Fontainebleau, se ferait difficilement une idée de ce que peuvent être en été les arbres, les arbustes, les plantes, sous le soleil resplendissant de l'Italie. Là, le pin élance une tige hardie vers le ciel, et cette tige se couronne d'un dôme de verdure transparente, qui s'arrondit naturellement en parasol. Plus loin, ce sont des catalpas aux larges feuilles, des magnolias aux floraisons gigantesques, qui répandent au loin dans l'air qui les environne, des senteurs enivrantes. De tous côtés surtout des mûriers de Chine qni atteignent à des proportions inconnues dans nos climats et qu'on ne dépouille pas de leurs feuilles parce qu'on n'en a pas besoin pour la nourriture des vers à soie ; des peupliers qui élancent leur tige droite plus haut que les plus hautes flèches de nos cathédrales gothiques ; vingt autres essences qu'il serait trop long d'énumérer et même de mentionner. Et à côté de ces géants, qui apparaissent alors comme les rois du monde végétal, des orangers et des grenadiers, qui prennent aussi les proportions des arbres de nos promenades ; des tamaris, des lentisques, des jasmins qui, s'appuyant sur tous les troncs noueux qui les entourent, rappellent par leurs guirlandes et leurs enlacements les lianes des forêts vierges de l'Amérique. L'art n'a rien à faire dans les lieux où la nature s'est montrée si prodigue. Tout pousse et végète avec une entière liberté, une indépendance qui, loin de nuire à l'effet pittoresque, ne fait qu'accroître les beautés naturelles et donner un charme de plus à toutes ces splendeurs.

Le parc du domaine qu'Albert de Basso-Campo avait mis à la disposition de ses amis à Partinozza, était un de ces parcs qui ont depuis longtemps rendu célèbre cette portion de la Lombardie dans le monde entier.

La proposition du Parisien, dit Gringalet, acceptée avec enthousiasme par tous ses compagnons, était donc d'une réalisation des plus faciles. Le parc abondait en retraites délicieuses. On n'avait que l'embarras du choix.

Guidés par Gringalet, qui toujours marchait en tête, en chantant à demi-voix quelques chansons grotesques à la mode sur les boulevards de Paris, les joyeux compagnons arrivèrent jusqu'à un épais fourré de plantes et d'arbustes de toutes sortes, au pied desquels coulait paresseusement la rivière qui donnait un aspect si pittoresque au village de Partinozza. Quelques arbres de moyenne grandeur formaient une salle naturelle de verdure dans laquelle toute la société s'installa. Ce n'était cependant pas l'avis de Gringalet. Si on eût voulu le croire, on ne se serait pas arrêté en si beau chemin d'investigation de toutes les richesses naturelles que pouvait contenir le domaine. Il est vrai que, dans une anse formée par une légère déchirure du fleuve, Gringalet venait d'apercevoir une légère embarcation, et aussitôt l'idée de se transformer en canotier s'était emparée de l'imagination mobile du Parisien. Volontiers il se serait élancé dans le bateau et aurait fatigué ses bras robustes à faire jouer les rames. Mais ce plaisir, pour le quart d'heure du moins, n'était pas du goût de ses compagnons, et l'opinion de la majorité l'emporta.

A l'ombre de genêts à fleurs d'or, de bouleaux amis de la fraîcheur, le père Zou-Zou s'était déjà fait une place d'élite qui témoignait de son sybaritisme raffiné quand il avait le loisir de se livrer à ses goûts. Jean Pecqueur et Albert de Basso-Campo n'eurent qu'à l'imiter pour se trouver complètement à l'aise. Quoiqu'il se fût montré quelque peu récalcitrant, dès qu'il vit tout le monde si bien loti, Gringalet ne voulut pas rester en arrière, et ramassant à brassées de grandes herbes qui poussaient de toutes parts en entière liberté, il se fit une couchette d'été qui n'aurait point été dédaignée par un officier-général.

Tous nos compagnons ainsi chambrés, chacun à sa guise, la conversation ne tarda pas à s'engager et naturellement le sujet en fut fourni par la grande bataille qui avait ouvert aux armées alliées de France et de Piémont les portes de la capitale la Lombardie.

— M'est avis, dit Gringalet qui ne restait jamais court lorsqu'il s'agissait d'engager l'entretien, que dans cette bataille, l'infanterie française s'est un peu montrée ce qu'elle a toujours été, la première infanterie du monde.

— D'accord, fit le vieux zouave, et même je dois confesser que tous nos régiments se sont conduits d'une rude façon.

— Pour cela, oui. On aurait dit que de tous les côtés on faisait assaut d'émulation.

— Chacun a voulu montrer à tous ses colonels

à ceux qui le furent autrefois et qui sont généraux en ce moment, aussi bien qu'à celui qui les commande aujourd'hui, qu'il n'y a pas de corps d'élite en France. Toute l'infanterie, la jeune et la vieille, ne forme qu'une seule troupe, à laquelle on doit toutes sortes d'égards.

— Sans doute. Cependant tu conviendras avec moi, Gringalet, mon ami, qu'il est toujours bon d'avoir quelques vieux soldats sur lesquels on peut s'appuyer, pour faire sa manœuvre, comme sur un mur.

— Je vois ce que tu veux dire. Eh bien ! j'en étais de ce mouvement qu'il nous a fallu faire autour des voltigeurs de la garde pour venir prendre notre position définitive de bataille. Je t'assure que tout le monde a travaillé sous le canon des ennemis, et quoiqu'ils ne voulussent guère nous laisser tranquilles, nous avons fait la chose avec une précision et une sûreté dont on nous dira des nouvelles plus tard. Tu verras quand nous pourrons lire les rapports et les bulletins.

— Je ne sais pas bien encore tout ce qui s'est passé. Je ne sais guère que ce que j'ai fait et ce que j'ai vu au bout de mon nez ; parce que moi, quand on me commande, j'exécute et lestement, voilà tout.

— Eh bien ! nous sommes tous comme toi.

Mais cela ne nous empêche pas de chercher à nous rendre compte, de comparer le départ et le point d'arrivée. Et puis, si l'on a l'occasion sous la main, on interroge les camarades qui se trouvent dans les autres corps et qui ont contribué avec nous à la grande affaire. On parvient ainsi à mieux savoir comment tout s'est passé et à saisir l'ensemble qui nous aurait échappé, parce que nous avons vu les choses de trop près et qu'il nous est facile de nous perdre dans les détails.

— Tout cela pour nous dire que la ligne sur le champ de bataille vaut les zouaves et les chasseurs à pied, et peut tout aussi bien débusquer l'ennemi d'une position qui nous gêne ?

— Tu l'as dit, père Zou-Zou.

— Personne ne t'a jamais dit le contraire, Gringalet, à moins que ce soit quelque caporal de ton nouveau régiment.

— Celui-là vaut bien les autres, vieux troubadour, et il l'a prouvé.

— Je le crois bien, dit Jean Pecqueur. Je vous ai vus à l'œuvre à un moment où il nous était permis de respirer et de laisser reposer nos fusils. Nom d'un nom! vous n'y alliez pas de main morte.

— Dame! nous faisions comme les autres, de notre mieux, et on ne pourra jamais dire que nous soyons restés en arrière comme si nous avions peur de la poudre.

— On mentirait si jamais on s'avisait de vouloir parler ainsi, et nous serions tous là pour dire la vraie vérité.

— Qu'a-t-il à vouloir nous *bécher*, ce vieux père Zou-Zou ? On dirait qu'il faut de toute rigueur porter une calotte de laine rouge sur la tête et avoir de larges culottes bien bouffantes pour se moquer des Autrichiens, des Russes et de tout le bataclan comme d'une vieille chique qui a servi trois jours !...

— Voyons, Gringalet, maintenant tu vas trop loin.

— Comment ?...

— Oui, le père Zou-Zou n'a rien dit, ni rien voulu dire qui pût t'offenser. Vous êtes même d'accord au fond. Et sans que rien t'y pousse, tu viens te jeter dans ses jambes comme un caniche qui a envie de mordre les mollets. Ce n'est pas bien et je ne suis plus avec toi.

— Bon ! voilà que je vais avoir tort pour tout le monde.

— Non, pourvu que tu t'arrêtes, sans vouloir avoir raison en mécanisant notre fourniment.

— Pour lors, je m'arrête. Car je sais vous respecter, mon sergent. Vous ne nous asticotez que pour le plaisir.

— C'est-à-dire que c'est moi qui t'ai mis en provocation? dit le père Zou-Zou.

— Non, dit à son tour Albert que ces altercations militaires amusaient; vous vous êtes mal compris, voilà tout... Et comme vous êtes vifs tous les deux, ça aurait pu mal finir. Mais maintenant tout est bien expliqué et terminé, n'est-ce pas?

Avant de recevoir la réponse du vieux zouave et de Gringalet, la conversation fut interrompue inopinément par l'arrivée de nouveaux personnages.

Nonchalamment étendus sur leur couche de verdure, les hôtes de Partinozza ne distinguèrent d'abord à travers les éclaircies du feuillage que l'uniforme bleu-clair, agrémenté de jaune, que portent les turcos. Bientôt une figure bronzée comme celle des enfants des déserts africains se montra sous un rayon de soleil et un cri s'échappa de la poitrine du père Zou-Zou, cri qui porta à son comble la curiosité de ses compagnons.

Le père Zou-Zou venait de reconnaître Ben-Ticket.

C'était en effet le brave sergent des tirailleurs algériens qui venait à Partinozza, comme sur les bords de la Tchernaïa la veille de Traktir, rendre visite à son vieil ami du 2ᵉ zouaves. Un hasard fréquent dans les garnisons lui avait appris ce qu'avait fait après la bataille de Magenta le vieux troupier à la manche chevronnée, et Ben-Ticket avait voulu profiter des quelques jours de répit accordés aux armées alliées pour recommencer ses joyeuses caravanes de Crimée.

L'Algérien et le zouave se jetèrent dans les bras l'un de l'autre, commé deux bons compagnons toujours heureux de ce que l'occasion leur était offerte de se revoir.

Puis le père Zou-Zou présenta son ami à toute la société de Partinozza, sans oublier le Parisien dit Gringalet. Tout le monde fit bon accueil au sergent des tirailleurs algériens.

Cependant Gringalet, peu habitué à la dissimulation, ne put s'empêcher de laisser voir que la présence de Ben-Ticket allait lui rappeler sans cesse celle qu'il avait aimée au désert, la belle Saïda, fille de Ben-Ahmed. Heureusement qu'Albert de Basso-Campo et Jean Pecqueur avaient su conquérir amicalement une grande autorité sur leurs camarades. En sorte que la présence de l'époux de Saïda à Partinozza, loin d'être dangereuse lorsque Gringalet s'y trouvait déjà, promettait au contraire d'apporter uniquement de nouveaux éléments de joyeuse vie.

XXV

Ben-Ticket n'arrivait pas seul. Il amenait avec lui deux jeunes soldats qui servaient dans les corps éloignés du champ de bataille le jour de Magenta, mais qui s'étaient trouvés à Melegnano, l'antique Marignan, et qui pouvaient donner à Jean Pecqueur et à ses amis des détails sur ce nouveau fait d'armes de nos soldats.

Avant de leur laisser entamer leur narration, regardons un peu une de nos anciennes connaissances, l'Allemand Fritz, l'amoureux de Mlle Gretchen. Fritz, nous le savons, fait prisonnier par Gringalet, est venu avec lui à Partinozza. Il se plaît tout autant avec les Français qu'avec les Hongrois et les Croates; il s'est tout de suite, dès l'arrivée, arrangé pour trouver de l'occupation dans la maison d'Albert. Il a rencontré dans la domesticité un de ses compatriotes et c'est avec lui qu'il parle de Mlle Gretchen et de ses projets d'avenir tout en cueillant des fruits dans le jardin. Ben-Ticket l'avise, et, croyant à l'uniforme que c'est un ennemi qui s'est introduit dans le parc, bondit à travers les bosquets et s'élance sur lui pour le terrasser. Le père Zou-Zou a deviné la pensée de l'Algérien dès qu'il lui a vu prendre son élan. Malgré son âge, il se montre aussi prompt et aussi alerte que le jeune Arabe. Il arrive auprès des deux Allemands aussi lestement que l'Africain et par sa présence prévient sans doute quelque malheur. Car il n'y a pas à se tromper sur la fureur qui transporte Ben-Ticket et en fait un tout autre homme. Fritz ne comprend pas bien ce qui se passe. Mais comme le père Zou-Zou est parvenu à calmer le sergent de turcos, toute la société arrive, on s'explique et Fritz apprend alors le danger qu'il vient de courir.

Le pauvre garçon se contenta de lever les yeux au ciel et de murmurer entre ses dents le nom de Gretchen.

Ce nom frappa Jean Pecqueur, qui fit raconter son histoire au jeune Allemand de Souabe. Albert de Basso-Campo lui servit de truchement et quand la narration fut finie :

— Pauvre garçon ! dit Gringalet. Pourvu qu'au retour il ne trouve pas dans son village ce que j'ai trouvé à l'oasis de Ben-Ahmed !

Albert, entendant cette réflexion, craignit qu'elle n'engendrât quelque altercation nouvelle entre le Parisien et le turco, et, interpellant les jeunes soldats, il les pria d'édifier toute la société sur le combat de Melegnano.

— Ma foi! dit le plus hardi des deux jeunes gens en se décidant à prendre la parole, je ne sais si je vous intéresserai beaucoup en vous racontant ce que j'ai fait et ce que j'ai vu. Mais voici, à mon sens, comment la chose s'est passée. Nous sommes, ainsi que vous pouvez l'apercevoir, soldats au 37e régiment de ligne, et nous faisons partie du premier corps de l'armée. De la sorte, nous paraissions occuper l'extrême droite de la ligne. Nous avions entendu le canon des jours précédents, et surtout le canon de Magenta; mais nous n'avions eu, pour notre part, que quelques méchantes escarmouches et affaires d'avant-postes. Cela ne pouvait pas toujours durer ainsi. Depuis que nous avions appris la marche générale de l'armée sur Milan, comme nous ne perdions pas de vue les bivouacs ennemis, tous les jours nous nous attendions à recevoir l'ordre de déblayer entièrement le terrain devant nous.

Enfin, nous reçumes satisfaction. Massés en colonne, on nous lança, nous du 37e de ligne, avec les zouaves et le 10e bataillon de chasseurs à pied pour prendre position sur le côté droit du village de Melegnano, en délogeant les Autrichiens qui s'y étaient fortifiés. Rien ne pouvait nous être plus agréable pour le quart d'heure. Nous partions avec un enthousiasme que vous comprenez, emboîtant le pas de façon qu'il n'y eût pas de jaloux dans les trois corps. Il faut le dire tout de suite, nous avions besoin de cela, car les Autrichiens ne paraissaient pas du tout disposés à déguerpir de bonne volonté. Rendons-leur justice : ils se comportèrent comme de braves gens, et quand nous arrivâmes aux premières maisons du village, nous fûmes accueillis par une fusillade qui aurait pu nous faire reculer dans d'autres circonstances ; mais, nom d'un nom ! plutôt que de donner ce plaisir aux ennemis, nous nous serions tous laissé coucher par terre jusqu'au dernier.

Aussi, c'était nous qu'il fallait voir emportant d'assaut les maisons une à une, malgré balles et baïonnettes, chargeant sans relâche, et quand nous voyions les autres revenir sur nous par un retour offensif, nous rangeant en bataille pour mieux soutenir leur choc et jamais nous laisser entamer. Je crois bien qu'il y a eu des batailles plus longues, puisqu'on nous le dit, mais je ne crois pas qu'on ait pu jamais en voir de plus furieuses ni de plus acharnées. Enfin, après avoir laissé bien des nôtres en arrière, mais de ceux qui ne devaient plus se relever, nous restâmes maîtres du village, poursuivant toujours les Autrichiens qui ne cédaient la place que pied à pied. Ils arrivèrent de la sorte jusqu'au cimetière où ils essayèrent une nouvelle fois de combattre en désespérés.

Ce fut une nouvelle lutte à soutenir, de nouveaux coups à donner et à recevoir. Ah! nous n'y allions pas de main morte ni d'un côté ni de l'autre. Ici, pas moyen de recourir à des opérations qui ne nous auraient servi à rien. Nous nous étions pris corps à corps, et nous jouions de la baïonnette comme si elle n'eût été qu'un simple couteau. Chacun y était pour son compte et tuait afin de ne pas être tué. La mort était partout du moment que personne ne voulait se décider à tourner les talons. C'est là que nous avons perdu le plus de monde; mais chacun des nôtres qui tombait était bien vengé; s'il n'avait pas su arranger son affaire, les autres faisaient la besogne pour lui. Tout le terrain autour de nous était détrempé de sang.

Je vous avouerai que si la tâche était rude, elle l'était surtout pour ceux qui, parmi nous, voyaient le feu pour la première fois. Et nous étions plus d'un dans ce joli cas. Mais l'émulation nous avait empoignés aux cheveux. Les anciens durent être contents de la façon dont avaient travaillé les conscrits. S'il y eut des défaillances, on n'eût ni le temps ni la peine de les apercevoir. Chacun avait bien assez à faire de s'occuper de soi et des premiers voisins. Enfin, que vous dirai-je encore? lorsque tout le monde commençait à être las de frapper, les Autrichiens, qui ne voyaient pas les leurs venir à leurs secours, tandis qu'il en arrivait toujours quelques-uns de notre côté, se déterminèrent à nous abandonner ce cimetière comme ils nous avaient abandonné déjà le village. Il y en eut bien quelques-uns qui, reconnaissant tous leurs efforts inutiles, se rendirent prisonniers ; mais la plupart, profitant des accidents du terrain, aimèrent mieux chercher leur salut dans une retraite précipitée qui leur permettait de se rallier et de se grouper un peu plus loin et de rejoindre le gros de leurs troupes.

Voilà tout ce que je puis vous dire sur ce grand combat, qui a été le complément de la bataille de Magenta.

— C'est bien assez, dit Gringalet, qui avait écouté tout ce long récit sans manifester une seule fois la velléité d'interrompre.

— J'aurais voulu d'autres détails, répondit Jean Pecqueur.

— D'autant mieux, dit Albert de Basso-Campo, qu'il doit y en avoir de fort intéressants.

— Ma foi ! je n'en connais pas pour ma part, dit le jeune soldat du 37ᵉ de ligne, qui avait déjà porté la parole. Demandez à mon camarade, il sera peut-être plus heureux que moi et pourra mieux vous renseigner.

XXVI.

Mis en scène de la sorte, l'autre camarade de Ben-Ticket se fit quelque peu tirer l'oreille pour parler.

Quand on fut parvenu à vaincre sa résistance, il s'exprima de la sorte :

— Tout ce que je puis vous dire ne regarde pas la bataille, mais la journée qui suivit. Celle-là, il faudra que j'aie passé l'arme à gauche pour que j'en perde le souvenir. Nous avions complètement assuré la position que nous venions de conquérir, de façon à n'avoir rien à craindre d'un retour offensif quelconque des Autrichiens. Nous pouvions penser à relever nos blessés et à les porter dans les ambulances, qui ne chômaient pas, je vous assure, et aussi à enterrer les morts. Tout cela se faisait avec un grand ordre, et il n'y avait guère de joie dans l'armée, parce qu'à chaque instant on retrouve quelque camarade qui n'est pas dans un trop bon état. Cela ne laisse pas que de faire impression, et le cœur n'a pas du tout la même attitude que la veille. Il est plus à la tristesse qu'à la gaieté. Pendant que chacun de nous, commandé à son tour, aidait de son mieux les infirmiers et les hommes de corvée, voilà que tout-à-coup nous voyons se lever de grands tourbillons de poussière sur la route de Milan. Cela ne nous émut guère, d'abord parce que ce ne pouvait être l'ennemi. Mais ensuite ce fut autre chose. Jugez-en. On venait à notre aide de la capitale de la Lombardie. Et savez-vous qui? Vous ne le devineriez jamais si on ne vous l'a pas déjà dit. C'étaient les bourgeois les plus huppés qui accouraient avec leurs équipages et leurs laquais galonnés sur toutes les coutures, comme des tambours-majors. Les femmes étaient de la fête, vêtues comme si elles étaient allées au bal ou à une grande promenade. Et elles ne craignaient pas du tout de souiller leurs belles robes en se promenant au milieu de ces campagnes ravagées où il y avait eu un si grand massacre. Et de leurs blanches mains, elles aidaient les domestiques à ramasser les blessés.

Puis leur voiture était là pour les transporter dès que le premier pansement était fait. Elles-mêmes ne s'y réservaient pas la moindre place. Elles abandonnaient les coussins aux blessés et montaient sur le siége à côté des cochers pour être reconduites à Milan. Là, c'était dans leurs maisons qu'on amenait leurs hôtes ramassés sur le champ de bataille, et elles ne les quittaient plus, les entourant des soins des plus délicats, comme auraient pu le faire de véritables sœurs de charité. Voilà ce que j'ai vu, ainsi que toute notre armée. Et elles étaient en si grand nombre qu'on aurait bien pu croire qu'il ne restait plus une seule femme de loisir dans les hôtels de Milan. Maintenant, si vous voulez d'autres détails, je n'en ai pas à vous donner.

— Je suis heureux de tout ce que vous venez de nous dire, mon ami, dit Albert de Basso-Campo, après un assez long silence qui avait suivi la narration du jeune soldat, silence qui témoignait avec éloquence de l'émotion produite sur l'auditoire. J'en suis heureux pour mon pays. Ce qu'ont fait les dames de Milan, toutes les femmes italiennes le feront. A Brescia, à Pavie, à Florence, on est aussi patriote que dans la Lombardie. Et vous verrez, mes amis, que ce patriotisme ne sera jamais de l'ingratitude.

—Nous le voyons bien, dit le père Zou-Zou, qui, n'ayant rien dit depuis longtemps, éprouvait le besoin de prendre la parole. Vous même, notre hôte, vous nous témoignez fort amplement votre reconnaissance du peu que nous faisons pour vous.

— Pour cela, oui, dit Gringalet à son tour, et si nous venions jamais à vouloir régler nos comptes, je crois que c'est nous qui vous devrions du retour.

— Assez, mes amis, causons d'autre chose.

— J'aimerais mieux, reprit Gringalet, essayer la valeur de cette barque qui dort comme une paresseuse dans le petit port de ce fleuve. Allons, si le cœur vous en dit, je vais détacher l'amarre enroulée à ce vieux saule que je vois d'ici, et nous allons nous promener comme des canotiers d'Asnières.

Gringalet avait admirablement choisi son moment pour faire une semblable proposition. Chacun désirait prendre ses ébats en liberté, et le désir était d'autant plus vif que, le soleil déclinant avec rapidité à l'horizon du couchant, on allait commencer une de ces soirées délicieuses du commencement de juin, une de ces soirées crépusculaires comme on n'en voit guère qu'en Lombardie et dans notre midi occidental de la France.

Les jeunes soldats du 37e acceptèrent la proposition de Gringalet et bientôt on les vit, lançant la barque loin du rivage, se laisser aller au courant du fleuve et chanter à tue-tête les joyeuses chansons aimées des soldats. Ben-Ticket et le père Zou-Zou s'en allèrent du côté de la maison pour faire une visite à la cantine, comme ils disaient. Ensemble, ces deux hommes, presqu'aussi Africains l'un que l'autre, ne s'ennuyaient jamais. Ils avaient des conversations intarissables sur leurs souvenirs d'Algérie et de Crimée. Quant à Jean Pecqueur, il ne voulut point quitter Albert de Basso-Campo, avec lequel il n'avait guère eu le temps de se trouver aussi tranquillement qu'à cette heure depuis Ventiglia. Leurs douces causeries tête à tête avaient disparu dès qu'il avait fallu toujours se tenir en alerte et sur le *qui-vive* pour le service du régiment. Et depuis la grande journée, c'était la première fois qu'ils se retrouvaient sans témoins et sans oreille indiscrète entre les deux. Aussi, gagnant une des allées les plus solitaires du parc, ils voulurent essayer de reprendre leurs douces et instructives causeries d'autrefois. Jean Pecqueur avait un si violent désir de s'instruire et de se mettre rapidement en état de pouvoir figurer dignement dans le cadre des officiers de l'armée, que s'il l'eût osé depuis longtemps, il aurait sollicité d'Albert de reprendre le cours de ses leçons ; car lorsqu'ils étaient seuls toutes les paroles avaient un but utile pour le jeune sergent de Sainte-Suzanne.

XXVII

Ils se promenaient dans une allée de catalpas qui laissaient tomber sur leur tête des fleurs veinées d'azur et d'or. Albert, dans une narration rapide et claire, ébauchait l'histoire de la Lombardie depuis la fin du dix-huitième siècle ; il indiquait sommairement les phases diverses qu'avait subies le gouvernement de ce pays sous la domination étrangère ; il parlait avec un enthousiasme contenu des Républiques écloses au souffle de notre grande et immortelle Révolution qui avait été la grande Rénovation des peuples ; de l'ancien royaume d'Italie qui avait donné une impulsion si vive à l'industrie milanaise, du prince Eugène dont le souvenir a été longtemps cher à ces populations. Abordant les époques plus récentes, Albert parlait des souffrances qu'avait eues à endurer le pays depuis les fatales années de 1814 et 1815. Jean Pecqueur écoutait avec avidité tous ces récits auxquels l'érudition immense et l'accentuation étrangère d'Albert de Basso-Campo prêtaient un charme inouï. Il n'interrompait pas ; il se trouvait trop heureux d'avoir rencontré pour lui tout seul un instituteur comme le village de Sainte-Suzanne n'en vit jamais.

Parfois seulement quand Albert s'oubliait et perdait de vue qu'il avait à côté de lui un homme de grand cœur sans doute, mais à peu près complètement illettré et absolument ignorant de toutes les grandes choses qu'on lui apprenait, Jean Pecqueur par quelques questions naïves le ramenait promptement à la réalité. Au reste Jean Pecqueur ne se gênait nullement. Il ne rougissait point d'avoir à interroger de la sorte, parce qu'il n'avait point à rougir de son ignorance. Albert, dès le début, avait mis son ami fort à son aise, en exigeant qu'il en fut ainsi.

— Tu ne seras jamais instruit, lui avait-il dit à Ventiglia, qu'en demandant toujours et sans hésiter l'explication de ce que tu ne comprends pas.

Et Jean Pecqueur ne se faisait pas faute, à l'occasion, de prouver à son ami qu'il savait mettre un bon conseil à profit.

De la sorte, ce brave soldat était parvenu à compléter rapidement les notions élémentaires qu'avait mises dans sa tête l'instituteur de son village. Il est même probable que ce bon instituteur aurait été fort étonné de retrouver un de ses anciens élèves villageois aussi bien éduqué.

La promenade sous les catalpas se prolongeait fort avant dans la soirée. Un silence mélancolique et charmant régnait dans ce grand parc qu'emplissaient naguère les cris joyeux de tous les compagnons de Jean Pecqueur et d'Albert de Basso-Campo. Celui-ci ayant dit tout ce qu'il croyait utile de dire sur la Lombardie, se disposait à expliquer à son ami Venise, ses constitutions anciennes et sa situation présente, il avait même commencé à dire la construction bizarre de cette ville aux monuments superbes, qui a conquis sur la mer tout le terrain dont elle dispose, lorsqu'un domestique marchant à pas précipités s'engagea dans l'allée où se promenaient les deux amis et vint annoncer à son maître qu'une visite imprévue l'attendait à la maison.

Albert parut surpris de se voir interrompu de la sorte. Il n'avait fait connaître à aucun de ses anciens amis la conduite qu'il comptait tenir pendant cette campagne pour l'indépendance de l'Italie. Personne ne devait donc penser qu'il passait à Partinozza les quelques jours de repos donnés à toute l'armée. D'autre part, un messager qu'il avait envoyé dans les environs du lac de Côme ne pouvait encore être de retour. Albert cherchait donc vainement à se rendre compte de la visite importune qui venait le déranger.

Priant Jean Pecqueur de l'accompagner, il regagna la maison, fort disposé à se débarrasser le plus promptement possible de ce malencontreux visiteur.

Ces dispositions furent bientôt bannies de l'esprit d'Albert de Basso-Campo, lorsqu'en entrant dans une salle basse, il reconnut, malgré l'uniforme grossier qui le recouvrait, le comte d'Arona, un des plus brillants cavaliers de Milan et un de ses meilleurs amis.

Au début de la guerre, le comte d'Arona, qui s'était toujours montré animé de grands sentiments patriotiques, avait été des premiers à passer la frontière lombarde et à venir prendre du service dans les rangs de Victor-Emmanuel. Un des premiers également, il donna ce noble exemple qui fut si admirablement suivi par tant de gentilshommes italiens habitués à toutes les élégances de la vie, de ne pas rechercher des distinctions, des grades, des honneurs, et de ne demander qu'une place d'homme de cœur au milieu des combattants. On l'avait incorporé dans un bataillon de bersagliers qui remplissent dans l'armée piémontaise le rôle de nos chasseurs à pied, et c'était avec cet uniforme sur le dos qu'il se présentait chez son ancien ami Albert de Basso-Campo.

XXVIII

Après s'être embrassés, comme il convenait à deux champions d'une même cause, les deux amis entamèrent une conversation sur les affaires du temps.

Jean Pecqueur, craignant d'être indiscret, voulut se retirer.

Mais Albert de Basso-Campo, le prenant par la main, lui dit de rester, et le présentant au comte d'Arona :

— Mon cher comte, dit-il, je vous présente Jean Pecqueur, sergent au 2ᵉ régiment de zouaves, mon meilleur ami, depuis quelque temps.

Le comte s'inclina comme si, dans un salon de Milan, on lui eut présenté une des sommités du monde élégant.

— Depuis le combat de Palestro, nous ne nous sommes pas quittés un seul jour, et j'espère que nous ne nous quitterons pas de toute la campagne, peut-être même pas après.

— Bonne figure! dit le comte d'Arona en italien.

— Et brave cœur, ajouta son ami en français.

— Je suis heureux, reprit le comte, en saisissant au vol, avec la finesse italienne, la leçon délicate que venait de lui donner Albert de Basso-Campo, de me voir dans la villa de mon ami, à Partinozza, en aussi bonne compagnie. Toutes les troupes de l'armée française laisseront bon souvenir de leur passage sur la terre italienne. Mais les zouaves occuperont toujours la première ligne.

Jean Pecqueur n'était pas habitué à ce langage. Il ne savait trop que répondre à toutes ces politesses du comte d'Arona, qui, malgré la rudesse de la vie qu'il menait, avait conservé toute la gracieuseté de ses habitudes élégantes.

Albert n'eut qu'à jeter un coup-d'œil sur son rustique ami pour deviner son embarras, et prenant aussitôt la parole :

— Mon ami, dit-il au comte d'Arona, le temps est passé où nous allions ensemble chaque soir dans quelque brillant salon milanais. Aujourd'hui, il nous faut contracter d'autres habitudes et prendre d'autres goûts si nous voulons conquérir enfin une patrie italienne libre. Voulez-vous avoir, comme moi, un ami d'élite dans Jean Pecqueur? Ne lui dites pas des phrases dont il comprend sans doute la grâce et la politesse, mais auxquelles il ne trouve pas facilement une reponse, ce qui fait que vous l'humiliez involontairement et inutilement. Jean Pecqueur est, comme la plupart des soldats de la France, un enfant enlevé à la charrue pour être incorporé dans un régiment. Il n'y a pas moins parmi eux de la bonne graine de généraux et d'hommes distingués. Imitez-moi donc en prenant mon ami tel qu'il est. Vienne encore une bataille et il pourrait bien conquérir l'épaulette d'or ou la croix d'honneur, et je vous assure que nul ne les portera mieux et plus dignement que Jean Pecqueur.

— Je le crois, dit le comte d'Arona, et j'espère que votre ami sera bientôt aussi le mien.

— Je le suis déjà, dit le sergent ; car à la façon dont vous parle mon ami Albert, je crois que vous êtes de ceux auxquels le cœur peut se donner tout de suite et sans attendre quelques jours de réflexion.

— Eh bien ! voilà qui me va et votre parole vaut toutes les plus belles phrases du monde.

Là-dessus, le comte d'Arona tendit la main à Jean Pecqueur, qui la serra avec effusion.

— Maintenant, dit Albert, nous pouvons causer comme nous le faisions lorsque vous êtes arrivé, mon cher comte.

— Volontiers ; de quoi s'agit-il?

— De l'Italie, fit Jean Pecqueur.

— Tant mieux ; et qu'en disiez-vous ?

— Albert venait de me faire l'histoire de la Lombardie.

— Ah! et après?

— Il allait me parler de Venise.

— Et voilà l'entretien que j'ai interrompu!

Le comte d'Arona mit toute son âme dans cette exclamation. Le cœur du patriote venait de se révéler tout entier. Pendant quelques minutes il y eut un silence complet entre ces trois hommes.

Chacun donnait audience à ses pensées ou se laissait dominer par un sentiment que la pudeur virile empêchait seule d'étaler au grand jour. La pudeur de l'homme consiste souvent à ne pas soulever le voile qui cache intérieurement une trop vive sensibilité.

Quand il se fut rendu maître de son émotion :

— Que vous disait Albert de Venise? demanda le comte d'Arona en s'adressant à Jean Pecqueur.

— Ce grand nom venait à peine d'être prononcé entre nous.

— Si jamais vous voyez cette noble cité, vous pourrez dire, comme nous tous, qu'elle n'a point usurpé le nom de reine de l'Adriatique, que lui avaient donné nos pères.

— C'est ce que me disait Albert.

— Parbleu! Est-ce que nous ne sommes pas Italiens?

— Et nous avons le même cœur.

— Et bien peu de chose suffirait pour lui rendre son ancienne splendeur, ajouta le comte.

— Dans ses lagunes, dit Albert, Venise est encore une des plus belles villes du monde. Vienne seulement pour elle un rayon de liberté et d'indépendance et vous verrez ce qu'elle deviendra.

— Dieu l'entende ! fit le comte d'Arona.

— Comme l'Italie entière, Venise a fait peau neuve, pendant les longues années de l'oppression étrangère. Si elle a conservé ses palais, ses basiliques, ses monuments, des richesses artistiques à faire envie au monde entier, elle a perdu toutes les traditions mauvaises qui ont amené sa chute et la ruine de son indépendance.

— Aujourd'hui, dit le comte d'Arona, vous ne trouverez personne dans Venise pour siéger au Conseil des Dix ou se faire inquisiteur d'Etat ; mais vous trouverez cent hommes pour un dans la bourgeoisie, dans la noblesse et dans le peuple capables de remplir toutes les fonctions que comporte la civilisation de notre siècle.

Albert de Basso-Campo remarqua le regard curieux que Jean Pecqueur dardait sur lui. Evidemment, le brave garçon n'avait pas bien compris tout ce qu'avait dit le comte d'Arona. Il y avait là des expressions qui ne se trouvaient pas dans le langage familier du jeune sergent de zouaves.

Quand ils étaient seuls, Jean Pecqueur interrompait avec hardiesse ; mais en ce moment il hésitait. Malgré l'amitié promise, il n'était pas assuré que le comte d'Arona voulut être pour lui ce qu'était Albert de Basso-Campo.

— Je le vois, mon cher Jean, dit celui-ci, mon ami laisse échapper en courant des expressions sur lesquelles vous voudriez qu'il vous donnât quelques explications. Vous voudriez savoir ce que c'était que le conseil des Dix et un inquisiteur d'Etat. Si l'heure n'était pas si avancée, je vous satisferais sur ces deux points. Mais l'occasion perdue aujourd'hui se retrouvera ; car j'espère bien que nous serons à Venise avant la fin de l'été et alors en visitant tous ces palais et toutes ces merveilles, je satisferai à loisir votre curiosité.

Au milieu de semblables causeries, le temps marchait avec une rapidité qui n'était remarquée par personne. L'heure du repos était venue, et tout le monde était couché dans la maison avant que Jean Pecqueur, Albert de Basso-Campo et le comte d'Arona eussent pensé que le sommeil était un des besoins impérieux de notre nature. L'horloge de Partinozza se chargea de le leur rappeler. Elle sonna mélancoliquement les douze coups du milieu de la nuit et les vibrations sonores interrompirent seules un silence solennel.

Les trois amis comptèrent les douze coups de cloche, chacun de son côté.

— Déjà minuit! dit le comte d'Arona.

— Oui, mon ami, dit Albert; l'heure qui nous a vus bien souvent sortir d'un bal à Milan, pour aller parler de la patrie en deuil sur la place du Dôme.

— Et nos conversations nous tenaient ainsi éveillés jusqu'à l'aube.

— On a tant de choses à se dire quand il s'agit de la terre natale opprimée, qu'on n'aurait jamais fini.

—Sans doute, mais maintenant nous voyons poindre à l'aurore des jours meilleurs, et rien ne nous empêche de renvoyer nos causeries à demain.

— A demain, donc, amis.

Et tendant la main au jeune volontaire de l'armée française, il serra la main qui lui était offerte avec une énergie qui trahissait la puissance de ses sentiments affectueux. De l'autre il prit celle de Jean Pecqueur, et lui fit comprendre qu'il voulait désormais que le sergent de zouaves vit en lui un autre Albert de Basso-Campo.

Cette nuit était la dernière que nos amis devaient passer dans le domaine de Partinozza. Ils ne s'en doutaient en aucune façon, et gagnèrent leurs couchettes comme si le lendemain leur réservait ces plaisirs du *dolce farniente* qu'ils goûtaient avec tant de délices.

XXIV

Mais à l'aube, lorsque Gringalet ouvrait paresseusement les yeux en écoutant la mélodieuse chanson matinale des rossignols cachés dans les splendides verdures du parc, un cavalier, courant toute bride lâchée, s'arrêta devant la maison de Partinozza.

D'un bond, Gringalet fut à la fenêtre, et il reconnut un cavalier d'ordonnance. En pareil cas, un militaire ne se trompe jamais, et en campagne surtout. Avant que le cavalier n'eût attaché la bride de son cheval à l'anneau scellé dans le mur extérieur et destiné à cet usage, Gringalet avait deviné qu'il était temps de faire ses paquets et que l'ordre du départ arrivait.

C'était en effet d'un pareil ordre que le cavalier était porteur. L'armée française unie à l'armée piémontaise allait reprendre sa marche en avant vers le Mincio pour achever la délivrance de la

Lombardie, et toutes deux rappelaient leurs cantonnements éparpillés de côté et d'autre. Quelques jours de repos avaient suffi, non seulement pour réparer les brèches de Magenta, mais aussi pour jeter dans tous les cœurs une nouvelle ardeur de combats.

Partout, à cette heure, les troupes se mettaient en marche. Jean Pecqueur, en recevant l'ordre de ramener au corps son détachement, voulut faire preuve de zèle. Il hâta le repas du matin et ne voulut être surpris par la grande chaleur du jour qu'après avoir laissé Partinozza bien loin derrière lui. Tout son monde, du reste, le seconda volontiers. Quoique chacun trouvât charmante la vie qu'on menait à Partinozza, personne ne fit le récalcitrant, et Gringalet, Ben-Ticket et les soldats étrangers à l'escouade régulièrement commandée par Jean Pecqueur furent les premiers à se montrer dociles et pleins d'ardeur.

Albert de Basso-Campo et le comte d'Arona furent les seuls qui restèrent en arrière en promettant de rejoindre le détachement avant son entrée à Milan.

Les deux Italiens éprouvaient le besoin de se trouver seuls. Ils avaient en effet bien des choses à se dire, pour lesquelles Jean Pecqueur n'aurait pas été de trop, mais qu'ils ne pouvaient ni ne voulaient livrer aux oreilles de toute cette troupe. Ce n'était point sans un but sérieux que le comte d'Arona était venu trouver Albert de Basso-Campo à Parlinozza. Chacun, parmi les Italiens volontaires qui ont fait cette glorieuse campagne de laquelle dépendait l'indépendance du sol, avait ses idées qu'il ne livrait pas à tous les vents, qu'il ne communiquait qu'à des amis depuis longtemps éprouvés. Ces idées, discrètement propagées de la sorte, n'en ont pas moins fait leur chemin et on a pu, dans la suite, voir à l'unanimité des sentiments exprimés combien ce peuple avait conservé de sève et de tact moral nonobstant toutes les oppressions.

— Ainsi, mon cher Comte, dit Albert de Basso-Campo, quand le bruit des soldats de Jean Pecqueur se fut perdu dans le lointain, vous êtes étonné de ce que vous appelez ma défection, et nos amis partagent votre étonnement.

— Je l'avoue, mon cher Albert.

— Après ce que vous avez vu de vos yeux, hier soir, ce que vous auriez pu voir aujourd'hui si cet ordre de départ n'était pas venu ajourner nos plans, je pourrais me dispenser de toute explication.

— Oui, mon ami, je vous ai deviné.

— Cependant, comme il est bon qu'il n'y ait jamais la moindre équivoque entre nous, laissez-moi vous ouvrir mon cœur afin que vous puissiez un jour édifier nos amis sur ma conduite si la chose devenait nécessaire.

— Parlez, je vous écoute.

— Nous avons tous notre tâche dans l'œuvre immense qui s'accomplit, dit Albert avec une certaine solennité. Tous nous devons combattre tant qu'il nous restera un souffle de vie, tant qu'il restera un pouce de terre italienne sous l'oppression étrangère. C'est là, je crois, votre opinion comme la mienne, mon cher comte ?

— Sans doute.

— Eh bien, j'ai combattu à Palestro avec les soldats du roi Victor-Emmanuel, et le roi lui-même, dans ce combat où il a montré au grand soleil la bravoure héroïque qui distingue sa race, a trouvé que j'avais bien fait mon devoir. Il a daigné me le dire.

— Et nous l'avons tous dit en même temps, parce que c'est la vérité.

— Jusque-là donc rien qui puisse étonner le plus susceptible de nos amis.

— D'accord.

— Mais à ce combat, où nous nous sommes pour la première fois trouvés mêlés aux Français, j'ai pu remarquer la façon de combattre de ces hommes formés par les guerres d'Afrique. Vous avez sans doute lu les rapports des généraux, les bulletins de la bataille. En moyenne il n'a pas été brûlé douze cartouches par soldat, et vous savez si le travail fut rude et la résistance acharnée. Voilà le spectacle qui a déterminé la conduite que j'ai cru devoir tenir depuis cette journée mémorable.

— Mon cher Albert, laissez-moi vous dire que je ne vois-pas trop bien la liaison...

— En voyant ces hommes de fer dans leur lutte formidable, j'ai été pris soudain d'un sentiment profond d'admiration et de sympathie. Puis la réflexion est venue, rapide comme elle est toujours chez nous. J'ai voulu que l'Italie comptât de nombreux amis dans cette armée accourue pour sa délivrance. Il fallait pour qu'il en fût ainsi que les Italiens fissent amitié avec les soldats français, non pas avec les officiers, chose toujours facile et agréable, mais avec les hommes des derniers rangs. Mieux que tous les autres, mon cher comte, nous sommes de ceux qui savent accomplir de semblables devoirs quand ils entrent dans notre tête et dans notre cœur. Il n'y a aucun orgueil déplacé à nous rendre cette justice. Si vous aviez été avec moi, non seulement vous m'auriez approuvé, mais vous m'auriez secondé le plus agréablement du monde.

— Certainement, mon cher Albert, de tout mon pouvoir.

— J'en étais sûr, comte d'Arona.

— Maintenant je suis heureux. Car tout ce que vous venez de me dire, je l'avais deviné, et j'avais parlé de vous en termes analogues à tous nos amis qui me demandaient de vos nouvelles.

Albert de Basso-Campo et le comte d'Arona n'étaient pas de ces amis qui ont sans cesse besoin de protestations pour croire l'un à l'autre. Ils se connaissaient depuis leur première jeunesse. Ils s'étaient liés sur les bancs de l'université de Pise; depuis ce temps, dans la vie accidentée du monde, leur vieille et solide amitié avait été cimentée par maint acte de dévouement mutuel. Heureux de s'être si bien compris, ils se disposèrent à reprendre la route de Milan.

— En chemin, nous causerons, dit le comte d'Arona. Car de mon côté aussi j'ai bien des choses à vous dire, mon cher Albert, et vous ne m'interrogez pas.

— A quoi bon?

— Il est vrai qu'avec vous, il vaut toujours mieux parler ou agir sans préambule.

Pendant qu'ils prenaient un frugal repas, on parvint à trouver aux deux amis des montures dans le village. Car quoique ne les regardant pas directement, l'ordre de ralliement reçu par Jean Pecqueur leur indiquait d'une façon suffisante une reprise prochaine des hostilités. Pour rien au monde, ils n'auraient voulu être en retard et se faire taxer d'inexactitude. Ils étaient l'un et l'autre de la trempe de cette jeune noblesse qui, pendant toute la campagne, a donné à l'Italie entière les plus beaux exemples de courage et d'abnégation, comme si elle avait voulu par des faits irrécusables prouver au monde qu'elle était digne de tout ce que la France libératrice faisait en ce moment pour la patrie italienne.

— Nous avons des nouvelles, dit le comte d'Arona, quand les deux amis se trouvèrent en selle, de ce qui se passe du côté des lacs. Garibaldi et la majeure partie de nos amis sont par là, et jusqu'à ce jour ils ont fait de la bonne et solide besogne. Ils ont noué des relations avec les principaux patriotes de Venise, et nous sommes attendus impatiemment dans les lagunes.

— Je ne crois pas, dit Albert, qu'avant de posséder la ligne du Mincio, nous puissions rien tenter d'efficace dans la Vénétie. Défions-nous de notre vieil amour-propre national. Sachons nous servir du puissant allié qui nous seconde, et surtout ne laissons pas trop dire autour de nous que l'Italie peut faire seule ses affaires.

— Oui, je le sais, vous avez toujours été l'ennemi du fameux mot l'*Italia fara da se*.

— C'est de lui que nous sont venus nos maux, en majeure partie, depuis dix ans.

— Je le crois, comme vous. Mais il est bon aussi de ne pas trop se laisser aller et de savoir où nous marchons.

— C'est facile à voir. Nous allons achever d'expulser les Autrichiens de la Lombardie. Mais il est probable qu'ils ne nous abandonneront pas la ligne du Mincio sans coup férir.

— Il n'y a pas à en douter.

— Nous aurons donc par là quelque formidable bataille, dont Turbigo et Magenta n'auront été que le prélude.

— A moins que, se fiant à la force du fameux quadrilatère, ils ne préfèrent nous voir venir, à l'abri derrière les murailles des places fortes qui forment le fameux carré des Othons.

— Oh! pour le coup, ils auraient tout à fait perdu le sens commun et nous feraient la partie trop belle. Nous n'aurions qu'à les bloquer et à poursuivre notre marche jusqu'à l'Adriatique. Venise serait bientôt en fête, comme nous avons vu Milan dans ces derniers jours. Mais tout cela est fou et donne le vertige. Il n'y faut pas penser.

— Pourtant, vous le savez, mon cher Albert, depuis un an nous l'avons répété sur tous les tons : « Tenons-nous prêts pour toutes les éventualités quelles qu'elles soient. »

— Mais ceci n'est pas une éventualité : c'est de la démence.

— La sagesse antique avait prévu votre mot et la réponse que j'y puis faire.

— Oui, je le sais. Les divinités affolent ceux qu'elles veulent perdre. Nous n'en sommes pas là, croyez-moi. Les Autrichiens nous attendront sur le Mincio, et, là encore, il nous faudra vigoureusement livrer bataille.

Ainsi devisant, les deux amis arrivèrent aux premières maisons de la banlieue milanaise en même temps que la troupe conduite par Jean Pecqueur. Pour celle-ci, cette longue étape n'avait été qu'une promenade coupée au milieu par une halte pendant laquelle on avait, couché sous des arbres trouvés en chemin, laissé passer les heures les plus ardentes du jour.

Albert de Basso-Campo et le comte d'Arona mirent aussitôt pied à terre et voulurent faire leur entrée à Milan avec le détachement des zouaves.

La ville était en ce moment dans un état fébrile. Ce n'était plus la population qui s'agitait avec enthousiasme, comme après Magenta, lorsque les Autrichiens partis, on s'attendait de minute en minute à voir entrer les armées libératrices. En ce moment, la population était plus triste qu'autre chose. Le mouvement qu'on remarquait dans les rues était tout militaire.

De toutes parts et dans toutes les directions, on voyait passer des officiers d'état-major portant des ordres, des cavaliers d'ordonnance portant des dépêches. A tout instant on entendait quelque bruit de tambours. Les clairons sonnaient à tous les coins de rue, à tous les carefours. Les soldats se hâtaient de rejoindre leurs régiments, car personne ne voulait manquer à l'appel qui allait précéder le départ. Enfin dans toute la ville régnait cette animation qui signale les heures solennelles. Milan comprenait que le moment était grave. Ces troupes qui partaient déjà, c'étaient celles auxquelles la victoire avait quelques jours auparavant ouvert les portes de la ville, et elles partaient pour aller combattre encore.

Dans plus d'un cœur ces pensées ne laissaient pas que de semer une certaine appréhension triste. On n'est jamais joyeux quand sonne l'heure de semblables départs, et les plus braves sont ceux dont le cœur est le plus vivement remué. Mais à Milan le sentiment général de la population avait quelque chose de navrant.

Aussi, dès que les premiers corps se mirent en marche, vit-on se produire des scènes que n'oublieront jamais ceux qui en furent les témoins. Jamais ville ne donna à des soldats de plus vives marques d'affection et de sympathie.

XXX

L'armée se dirigeait vers la haute Lombardie orientale, du côté où cette province touche au Mantouan.

Nos amis s'étaient dispersés dès leur arrivée à Milan. Le comte d'Arona était allé reprendre sa place dans les rangs des bersagliers du roi Victor-Emmanuel; Ben-Ticket avait rejoint les tirailleurs algériens et Gringalet son régiment au titre étranger.

Tous allaient chacun de son côté. Seuls, Albert de Basso-Campo, Jean Pecqueur et le père Zou-Zou qui servaient sous le même drapeau marchaient de compagnie, comme de vrais inséparables. On était toujours assuré de les rencontrer ensemble, dans la marche ou au campement, à moins que quelque service de corvée ne réclamât Jean Pecqueur ou le père Zou-Zou.

Les deux armées alliées arrivèrent de cette sorte dans la région dont Brescia est la ville principale. Nulle part, elles n'avaient rencontré les Autrichiens.

Ils s'étaient retirés précipitamment, abandonnant tout le pays jusqu'au Mincio. Cette manœuvre fit de la marche en avant des armées alliées une vraie promenade militaire pendant laquelle on n'eut guère à échanger quelques coups de fusil en escarmouche qu'aux environs de Brescia.

Cette grande ville, illustre depuis des siècles dans l'histoire d'Italie, manifesta hautement ses tendances patriotiques dès qu'elle vit les armées alliées dans ses murs. Ni l'accueil fait à Gênes aux soldats français, ni l'accueil fait à Milan ne pouvaient être comparés à ce qui se passa dans Brescia. Hommes, femmes, enfants, toute la population sans distinction d'âge ni de sexe, se mit corps et biens au service des armées libératrices. On vit des femmes et des jeunes filles abandonner leurs maisons aux soldats, et s'en aller dans les hôpitaux où elles élisaient domicile en s'improvisant sœurs de charité.

Le spectacle était touchant, même pour ceux qui avaient assisté au débarquement de Gênes, pour ceux qui avaient vu Milan à la nouvelle du sanglant combat de Melegnano.

L'armée fit halte à Brescia. Il fallait qu'elle se massât afin d'organiser le passage régulier du Mincio. Ce fut sa dernière station avant la grande journée de Solferino.

***

Albert, qui voyait ses prévisions s'accomplir de point en point et qui craignait toujours, comme peut craindre un homme de grand cœur la veille des batailles, profita de ces quelques jours de répit pour compléter autant qu'il était possible ce qu'il avait si généreusement entrepris, l'éducation sommaire de Jean Pecqueur. Brescia, ville antique, a conservé de beaux monuments de toutes les civilisations disparues. Les temps antérieurs aux grandes invasions et barbares, comme le moyen âge, y ont laissé leur trace, et on peut rencontrer à chaque pas de grands débris qui témoignent des splendeurs passées. Les pierres parlent toujours avec éloquence aux imaginations jeunes. Aussi, la tâche entreprise par Albert de Basso-Campo devenait facile en présence de toutes ces puissantes manifestations encore debout des pensées, des agitations, de la foi passionnée de ceux qui furent les Italiens d'autrefois. Tout monument visité par les deux amis servait au jeune Basso-Campo de thême à quelque leçon substantielle dont profitait avidement Jean Pecqueur.

Car lui aussi sentait que le temps était précieux et que peut-être dans quelques jours il n'aurait plus pour l'instruire cet ami qui essayait de faire de lui un autre homme. La guerre est si fertile en accidents de tous genres, qu'avec elle il ne faut jamais croire au moindre lendemain, à plus forte raison, lorsqu'on se trouve à la veille de ces batailles qui couchent par terre trente ou quarante mille morts de chaque côté. Jean Pecqueur sentait instinctivement tout cela, et il jouissait de son ami jusqu'à ce que le clairon vint les appeler à reprendre leur marche vers l'ennemi.

Un jour, ils se promenaient sous les arcades de la *Piazza Vecchia* : le père Zou-Zou venait de les quitter pour suivre quelques anciens camarades, au nombre desquels était Gringalet, plus alerte déjà dans les rues tortueuses de Brescia que sur les boulevards de Paris.

Albert de Basso-Campo expliquait à son ami la constitution et la puissance des vieilles municipalités italiennes, lorsqu'ils virent venir à eux un brillant officier d'ordonnance que Jean Pecqueur eut quelque peine à reconnaître sous son riche uniforme.

C'était le comte d'Arona qu'un décret royal venait d'attacher à la personne de Victor-Emmanuel.

— Trop heureux de vous rencontrer, mes amis, dit le comte en serrant les mains qui lui étaient offertes.

— Eh bien! mon cher comte, dit Albert, vous qui vivez maintenant près du soleil, vous devez avoir des nouvelles précises à nous donner. Qu'allons-nous faire?

— Ma foi! je pourrais vous adresser la même question, car je n'en sais absolument rien. On est venu me chercher dans mon bataillon de bersagliers pour me faire endosser cet uniforme de parade, et me voilà. Je n'en sais pas davantage.

— C'est peu pour un officier d'état-major-général.

— Il est vrai que je n'ai pas encore commencé mon service, auquel, du reste, j'espère être bien vite déclaré impropre.

— Et pourquoi donc? fit Jean Pecqueur.

— Afin qu'on me renvoie promptement dans un régiment où je pourrai me battre en soldat.

— Voilà qui est sagement pensé, dit Albert. Notre place à tous, soldats volontaires qu'ont improvisés les circonstances fortuites et solennelles dans lesquelles nous nous trouvons, est avec le peuple des soldats et dans les rangs des troupes de ligne. A nous seuls, il appartient de prouver aujourd'hui qu'il n'existe plus qu'un seul peuple italien sans distinction de races, de castes et de position de fortune. Nous sommes tous des hommes. Que chacun de nous n'accepte donc et ne réclame dans l'armée nationale que la place d'un homme, et la patrie sera sauvée définitivement.

— Vous savez, Albert, que telles ont toujours été mes idées.

— Oh! je le sais, mon ami, aussi n'est-ce pas pour vous que je viens de parler de cette façon. Aussi énergiquement que moi, vous auriez dit ce que je viens de dire.

Le comte d'Arona regarda son ami, comme s'il attendait un complément nécessaire à cette dernière phrase.

— C'est pour notre brave ami Jean Pecqueur, dit Albert. Je désire qu'il connaisse à fond les Italiens de ce temps-ci. Nous avons tout à gagner à bien conquérir l'estime réfléchie de bons soldats comme lui.

Après cette phrase, il y eut un moment de silence. Jean Pecqueur avait encore conservé toutes les timidités de sa nature de paysan, et jamais avec un éloge ou un compliment on n'aurait fait sortir une parole de ses lèvres. Albert le savait. Aussi n'avait-il voulu qu'interrompre un entretien dont la direction ne lui convenait pas.

Toujours silencieux les trois amis, en cheminant au hasard à travers les rues, arrivèrent aux dernières maisons de la ville. Quelques pas encore, et ils étaient dans la campagne. Le hasard les avait bien guidés, car il les avait mis sur le chemin du campement que les tirailleurs algériens occupaient en dehors des antiques fortifications de Brescia. Comme à Gênes, comme à Milan, on avait préféré faire vivre ces natures africaines sous la tente, et réserver les douceurs du casernement régulier dans les maisons de la ville aux troupes venues directement de France et moins familiarisées encore avec la vie de bivouac.

Rien n'était plus pittoresque que le campement de ces turcos.

Bien qu'on fût au mois de juillet et qu'il fît une chaleur torride, de distance en distance on voyait flamber ces feux de bivouac qui signalent au loin une armée en campagne. Le soir venu, les Algériens y jetaient de la poudre et dansaient devant ces feux des *bamboulas* échevelées. L'Arabe aime toujours à jouer avec ses armes. A cheval, il exécute des *fantasias* qui lui permettent de déployer toute sa force, toute sa grâce, toute sa dextérité, toute la sûreté de son aplomb. Quand il n'a pas de cheval, il danse en agitant son fusil par dessus sa tête, le faisant passer de l'une à l'autre main, et exécutant les contorsions les plus pittoresques.

Le camp des turcos recevait de nombreuses visites. On y venait de tous les autres corps de l'armée. Les habitants de Brescia y venaient de leur côté et aussi tous ces étrangers, curieux ou nouvellistes qui faisaient la campagne en amateurs, à leurs risques et périls. C'était tous les jours fête à ce campement, parce que le spectacle offert par les costumes pittoresques, les figures étranges et expressives des soldats et leurs allures plus étranges encore était toujours nouveau et attrayant pour les visiteurs.

Quand Albert de Basso-Campo, le comte d'Arona et Jean Pecqueur arrivèrent non loin du premier feu de bivouac qui s'offrit à eux, ils furent tout étonnés de s'entendre saluer par un cri formidable que poussa l'un des danseurs qui gambadaient autour du foyer. Mais leur étonnement cessa lorsque dans ce danseur ils reconnurent Ben-Ticket, l'époux oublieux de la belle Saïda.

Ben-Ticket, avec cet œil infaillible qui distingue les races primitives, les avait aperçus de loin, et, sans interrompre sa danse qui paraissait l'amuser vivement, ainsi que les compatriotes dont il était entouré, il avait voulu donner la bienvenue à ses amis. Aussi vint-il les rejoindre dès qu'il eut terminé son exercice et leur témoigna-t-il bruyamment le plaisir qu'il avait à les revoir. Il leur demanda des nouvelles du père Zou-Zou et parut regretter que le vieux troupier ne fût pas venu au camp avec eux.

Le comte d'Arona n'avait jamais vu de près les turcos. Il s'intéressa vivement à tout ce qui frappait ses regards et demanda plusieurs explications à Ben-Ticket. Celui-ci, fier d'être interrogé de la sorte par un brillant officier, n'eut garde de laisser échapper cette occasion de prouver que les Arabes étaient beaux diseurs par excellence, et il parla tant et si bien que le comte ne comprit rien à tout ce que le brave sergent de tirailleurs algériens voulait bien lui dire. Il ne cessa de parler que lorsque, la retraite ayant sonné, tous les étrangers durent sortir du camp.

Quand les trois amis se trouvèrent en rase campagne, ils s'estimèrent tout heureux de respirer en paix loin de ce brouhaha qui avait quelque chose d'étourdissant. Un nouveau tumulte les attendait à Brescia, la ville paraissait en révolution. Plusieurs régiments avaient reçu l'ordre de se porter en avant. Les grandes évolutions pour le passage du Mincio commençaient. Au delà du fleuve allaient être portés les coups décisifs.

Arrivons rapidement à la bataille de Solférino.

XXXI

Personne n'ignore aujourd'hui comment fut livrée cette bataille gigantesque sur un terrain qui servait habituellement de champ de manœuvre pour les études de l'armée autrichienne. Personne également n'ignore combien la lutte fut longue et acharnée, puisqu'il fallut débusquer et déloger les Autrichiens d'une série de mamelons qu'ils occupaient avec des forces imposantes et une nombreuse artillerie, et comment enfin, malgré un orage épouvantable, la victoire resta définitivement à l'armée française.

Ce que nous avons dit ailleurs, nous le répétons ici. Nons n'empiétons pas sur le domaine des historiens graves. Leur affaire n'est point la nôtre, et nous n'écrivons pas une histoire de la campagne d'Italie.

Il y a cependant tel épisode de la bataille de Solférino qui nous revient de droit, et de celui-là nous nous emparons avec empressement.

Au moment où les voltigeurs de la garde, ayant à leur tête l'héroïque général Camou que n'arrêtent ni son âge, ni ses longs états de service, attestés par la médaille de Sainte-Hélène, dont on voit le bronze sur sa poitrine au milieu de vingt autres décorations, au moment où ces vétérans intrépides enlevaient à la baïonnette avec une ardeur irrésistible les positions formidables qui servaient de clef à toutes les lignes des Autrichiens, dans un coin isolé de cet immense tableau se passait un fait de détail où nos amis jouaient le principal rôle.

Jean Pecqueur, à la tête de quelques enfants perdus, s'était jeté en avant pour éclairer un mouvement que devait opérer le maréchal duc de Magenta.

Il y avait une douzaine d'hommes tout au plus sous les ordres du brave sergent de zouaves, jaloux dans cette journée d'échanger ses galons contre une épaulette. Mais dans le nombre, à côté du père Zou-Zou, d'Albert de Basso-Campo, il y avait Gringalet et quelques autres soldats déterminés, ramassés un peu de tous côtés, appartenant à tous les corps, mais brûlant tous du désir de se faire remarquer de leurs chefs.

Cette petite troupe marchant avec une circonspection rare, évitant soigneusement d'exposer sans utilité une existence toujours précieuse, parvint de cette façon jusqu'à une batterie autrichienne dont le feu causait au loin les plus grands ravages dans nos rangs. Elle était établie sur un terrain découvert qui éloignait naturellement toute idée de surprise. A l'abri derrière un bouquet d'arbres, Jean Pecqueur ne put voir ces canons sans qu'aussitôt l'idée de s'en emparer par un coup de main hardi n'entrât dans son esprit. On l'a dit et répété depuis longtemps : pour un soldat français, de la conception d'une idée à l'exécution, il n'y a qu'un pas, et c'est ce qui, sous les armes et dans les circonstances graves, lui donne une supériorité sur tous les soldats du monde.

En un clin d'œil, les douze hommes que commandait Jean Pecqueur furent massés en peloton autour de lui. Chacun reçut à l'oreille la confidence du projet formé par le chef, et dans tous les yeux on vit briller une animation singulière que les anciens auraient prise pour un présage du meilleur augure.

Au commandement du sergent, ces douze hommes fondirent comme un seul lion sur les canons autrichiens, sur ceux qui les servaient et ceux qui les défendaient. Les cent mètres de terrain nu qui séparaient l'attaque et la défense avaient été parcourus au vol. Les artilleurs autrichiens avaient encore dans les oreilles le cri formidable poussé par le père Zou-Zou, que déjà ils sentaient la pointe des baïonnettes et tombaient frappés à mort sur leurs pièces prêtes à faire feu.

Jamais attaque ne fut plus impétueuse ; jamais aussi attaque ne fut couronnée d'un aussi prompt et aussi magnifique résultat. En vain, artilleurs et soldats, chargés du service et de la défense des pièces, essayant de se reconnaître, veulent-ils opposer une résistance à cette poignée d'hommes. Les fusils partent à bout portant, et toute décharge est mortelle. Puis c'est la baïonnette qui montre une fois de plus combien elle est une arme terrible dans les mains françaises.

Au milieu de cette bagarre, Jean Pecqueur se multiplie et se signale entre tous. Les coups de fusils éclatent autour de lui sans l'atteindre. Il est tombé sur le gros des soldats autrichiens et a bientôt semé le désordre dans cette troupe qui tente d'inutiles efforts pour présenter une masse compacte. La baïonnette fait de tels vides que chacun est bien vite réduit ou à attaquer ou à se défendre individuellement. Plus d'un, parmi les Autrichiens, donna dans cette conjoncture grave des preuves de cette obstination à ne pas reculer, qui est souvent le courage porté à son paroxysme. Il fallut tout tuer pour rester maître des pièces que l'on avait résolu de conquérir. Personne ne prit la fuite, personne ne demanda quartier; et le lendemain, quand il fut permis de visiter à loisir le champ de bataille, on ne trouva que des cadavres dont l'attitude dans la mort était encore menaçante à la place où s'était accompli ce merveilleux fait d'armes.

Jean Pecqueur avait eu ses habits criblés par les balles et les coups de baïonnette, car si on frappait, on ne cessait d'être exposé à être frappé ; mais pas un de ces coups n'avait seulement effleuré la peau, chance heureuse qu'on rencontre rarement sur les champs de bataille. Témoin le père Zou-Zou, qui avait secondé Jean Pecqueur avec toute l'ardeur d'un vieux troupier d'Afrique, tout le dévouement d'un ami. Lui aussi avait largement fait sa part dans la besogne entreprise, et plus d'un Autrichien couché dans la poussière avait reçu la mort de sa main. Après Jean Pecqueur, c'était bien au père Zou-Zou qu'on devait le succès de cette équipée. Pendant tout le fort de l'action, on le vit manœuvrant avec une dextérité sans égale son fusil qui tantôt allait comme une lance atteindre au loin son ennemi, et tantôt, quand celui-ci approchait trop, frappait avec la crosse comme avec une massue. Au milieu de toutes ces évolutions terribles, lorsque, les rangs s'élargissant sans cesse, les ennemis ne pouvaient pas plus douter de la victoire, nonobstant leur résistance tenace, que les assaillants eux-mêmes, tout-à-coup, le père Zou-Zou s'affaissa.

Une balle autrichienne venait de l'atteindre, et, lui fracassant le bras, était allée se loger dans le haut de l'épaule.

Cette blessure, reçue presqu'au dernier moment, attrista la victoire d'une façon d'autant plus cruelle que ce fut le seul épisode sérieusement douloureux de ce brillant fait d'armes des douze Enfants-Perdus.

Le maréchal duc de Magenta apprit pendant l'action ce qui venait de se passer. Par un de ces hasards qui servent les heureux, il avait vu ce détail pendant que de son œil d'aigle il surveillait attentivement tout ce qui se passait sur l'immense champ de bataille. Au reste, les soldats de Jean Pecqueur n'avaient pas plus voulu perdre leurs conquêtes que leur blessé, et ils rentrèrent dans les colonnes en emmenant les canons conquis et le père Zou-Zou, qui fut immédiatement envoyé à l'ambulance la plus voisine.

Le maréchal prit une minute pour féliciter cette troupe héroïque qui se trouva récompensée par ces éloges donnés sur le champ de bataille. Puis il promit l'étoile des braves à Jean Pecqueur.

Les moments sont précieux quand les canons tonnent de toutes parts, quand le sort des provinces et des peuples se décide dans ce terrible jeu qu'on nomme les batailles.

Or, on en était là après l'exploit de Jean Pecqueur et de ses compagnons. Victorieuse sur bien des points, l'armée française trouvait partout une résistance que nul n'aurait soupçonné devoir être aussi acharnée. La journée était loin d'être gagnée, d'autant plus loin, qu'à peine une position était prise, on se trouvait en face d'une autre position plus formidable que la première.

Restait donc à porter encore de rudes coups si on voulait avoir gain de cause.

Jean Pecqueur et son régiment bien connu du duc de Magenta ne furent pas épargnés dans ces circonstances.

Le brave sergent, électrisé par les paroles de son général, fit partout où on l'envoya des prodiges de valeur, tant et si bien qu'on aurait pu croire que la bataille n'avait été donnée qu'en son honneur et pour lui procurer un plus rapide avancement. Son colonel émerveillé dit, dans son rapport, que jamais il n'avait vu un plus brave soldat et qu'il méritait plus que tout autre d'être porté à l'ordre de l'armée.

Aussi, quand la victoire fut remportée, quand l'orage seul eut sauvé l'armée autrichienne d'une complète destruction, quand l'armée française eut repassé le Mincio sur les ponts que n'avaient pu détruire les ennemis, l'heure des récompenses effectives arriva, cette heure qui a aussi ses anxiétés, ses joies et ses douleurs.

Une des premières récompenses fut l'épaulette de sous-lieutenant pour Jean Pecqueur.

Bien que victorieuse, l'armée française avait fait des pertes sensibles, et il s'agissait de réparer promptement les brèches nombreuses faites au cadre d'officiers par les balles et la mitraille autrichiennes. En pareil cas, c'est le rang, comme on dit, qui fournit généralement toute cette réparation. Quand il fut reconnu devant le régiment assemblé, il n'y eut qu'une voix pour applaudir à la distinction qui venait chercher le jeune paysan de Sainte-Suzanne. Mais personne ne fut plus heureux qu'Albert de Basso-Campo de la bonne fortune de son ami. Albert s'était battu comme un lion ; les zouaves étaient contents de lui et contents de l'avoir pour compagnon; mais, pour ce véritable patriote, la seule récompense qu'il ambitionnait, était la délivrance définitive du sol italien.

Seul peut-être, Jean Pecqueur ne manifesta pas la joie à laquelle on pouvait s'attendre. C'est qu'une parole recueillie avidement, une parole du maréchal duc de Magenta tintait constamment à ses oreilles. Il n'attendait pas l'épaulette et elle venait à lui. Il attendait l'étoile de l'honneur et elle ne venait pas. Jean Pecqueur en était à sa première désillusion. Il n'avait jamais rien désiré dans la vie et l'ambition lui était inconnue. Mais dans sa simplicité, il considérait la parole du maréchal comme une promesse solennelle qu'il était étonné de ne pas voir réaliser plus promptement. Cela lui donnait une préoccupation vive et douloureuse qu'il ne comprenait pas.

Jean Pecqueur, dans cette circonstance, faisait connaissance avec les sentiments élevés et civilisés de la vie. Jusque-là il avait vécu comme un enfant de la nature, simple, docile et croyant. Ce qui se passait maintenant en lui révélait que dans son esprit commençaient à naître les espérances et les déceptions ambitieuses.

Albert de Basso-Campo devina son ami, quoique Jean Pecqueur cachât soigneusement au fond de son cœur, comme une mauvaise pensée, les sentiments qui l'agitaient. Profitant d'un jour de liberté, pendant qu'on ensevelissait les morts de la bataille, ensemble le jeune Italien et le jeune sous-lieutenant allèrent faire une visite qui leur tenait au cœur. Ni l'un ni l'autre n'avaient oublié le père Zou-Zou, la triste victime de leur glorieuse équipée sur l'artillerie autrichienne. C'était à lui qu'ils allaient porter les souvenirs et les consolations de l'amitié.

Le vieux troupier était au milieu de bien d'autres attendant, comme lui, que le chirurgien prononçât sur leur sort. Ce n'est point un spectacle réjouissant à l'œil que celui d'une ambulance, le lendemain d'une grande bataille. Je ne sais s'il ne faut pas plus de force pour supporter l'étalage de toutes ces douleurs ramassées ainsi dans un étroit espace, que pour courir sus aux ennemis et se couvrir de gloire au milieu du bruit, des fanfares, des excitations et de l'enivrement du combat. Les médecins militaires sont les modestes héros de ces tristes lieux. Calmes comme des savants, pleins de mansuétude comme des hommes habitués à voir de près les plus horribles plaies, ils accomplissent leur tâche avec une abnégation et un dévouement qu'on ne saurait assez louer ni récompenser. Je pourrais dire ici le nom du médecin entre les mains duquel était tombé le père Zou-Zou. Si je m'abstiens, c'est que je crains de blesser sa modestie. Mais dans maint village obscur de notre France, plus d'une mère prononce ce nom en le bénissant. Grâce à l'homme qui le porte, elle a revu son fils. Vieux soldat d'Afrique et de Crimée, quoique fort jeune encore, il était aimé de tous les hommes qui avaient eu à recevoir ses soins, et dans tous les corps on ne prononçait son nom qu'avec respect et admiration.

Albert de Basso-Campo et Jean Pecqueur venaient d'embrasser le père Zou-Zou, aussi stoïque à l'hôpital que bouillant d'ardeur et de courage sur le champ de bataille, lorsque le médecin, faisant sa ronde, s'approcha. Le père Zou-Zou était pour lui une vieille connaissance; ils avaient confiance l'un dans l'autre et le médecin appliquait tout son art et tous ses soins à guérir la terrible fracture du bras sans avoir recours à l'amputation du membre fracassé.

Il fut heureux de voir que des amis venaient visiter son malade. C'était toujours une distraction qui pouvait produire une diversion utile, enlever pour quelques heures le patient à la pensée de son mal, préoccupation qui a souvent des effets très-pernicieux. Le médecin, sans rien dissimuler de la gravité de la position, donna cependant des espérances aux deux amis; elles reposaient principalement sur la bonne constitution et l'énergie bien connue du père Zou-Zou.

Un incident qui survint donna beaucoup de poids aux paroles du médecin.

Autour des autres lits se trouvaient aussi des

visiteurs. De tous côtés on apportait des nouvelles de l'armée, et chacun les commentait à sa façon. On apportait surtout la liste des récompenses données après la bataille; car cela pouvait intéresser tout le monde. Or, pendant que le docteur s'était éloigné, Albert de Basso-Campo et Jean Pecqueur causaient avec le père Zou-Zou et le réconfortaient de leur mieux ; autour du lit voisin on lisait une longue liste des promotions nouvelles faites dans la Légion d'honneur. Le père Zou-Zou était créé chevalier.

En entendant prononcer son nom, le vieux soldat se dressa tout debout sur son séant, et interpellant le lecteur :

— Voyons-ça, lui dit-il d'une voix forte et qui n'avait rien de maladif, avancez à l'ordre et répétez un peu ce que vous venez de dire.

Celui qui avait apporté la nouvelle ne se fit pas prier. Il vint au chevet du vieux zouave et recommença sa lecture, en lui demandant si cela l'intéressait.

— Je le crois parbleu bien ! s'écria joyeusement le père Zou-Zou, et vous m'en direz des nouvelles quand vous recevrez la croix, car, si cela continue, j'espère bien qu'il y en aura pour tous les braves gens.

Et aussitôt, oubliant la terrible blessure qui

payait cette croix, le vieux troupier donna les marques de la joie la plus vive. Il aurait voulu embrasser tout le monde.

Le médecin revenait en ce moment sur ses pas. Sa visite était terminée. Il devina du premier coup-d'œil qu'il s'était passé quelque chose d'extraordinaire, et s'approchant de nouveau du vieux soldat blessé :

— Eh bien! qu'y a-t-il? Vous m'avez l'air tout ragaillardi, demanda-t-il d'une voix douce.

— Il y a, major, que moi aussi, je le tiens ce ruban rouge. Et maintenant, vous pourrez faire tout ce que vous voudrez de mon bras, je vous l'abandonne. Mettez-le à la sauce qui vous conviendra le mieux. Je vais être sage comme un petit saint Jean.

Le médecin sourit à cette boutade de soldat, et prenant le bras valide pour voir encore s'il n'y avait pas de fièvre, il laissa lire sur son mâle visage bien des espérances, puis il sortit en répondant presque d'une façon certaine de leur ami au jeune volontaire italien et à Jean Pecqueur.

XXXII

La récompense qui venait trouver le vieux zouave sur son lit de douleur, avait renouvelé toutes les angoisses, toutes les souffrances intimes du jeune sous-lieutenant. Non, certes, qu'il y eût en lui le moindre grain de jalousie, mais les plus belles natures ont toutes, à de certaines heures, éprouvé de semblables défaillances. Jean Pecqueur éprouvait une espèce de frisson chaque fois qu'il voyait sur une poitrine s'étaler le ruban rouge de la Légion-d'honneur. Il souffrait chaque fois qu'il voyait distribuer de nouvelles croix, et qu'il n'était pas compris dans la promotion. Il ne pouvait ni se définir le sentiment qu'il éprouvait dans ces circonstances, ni s'en rendre maître.

Albert de Basso-Campo, à l'œil vigilant duquel n'échappait rien de ce qui se passait dans le cœur de son ami, résolut de le guérir de ce qu'il considérait comme une infirmité. — Profitant de quelques heures de causerie tête à tête que lui permettait le retour au camp de l'autre côté du Mincio, il parla en termes nobles et élevés de la mission du soldat et de l'accomplissement de ses austères devoirs. Jean comprit parfaitement les allusions de son ami, d'autant mieux qu'Albert se bornait à formuler et à exprimer d'une façon saisissante des pensées que le nouveau sous-lieutenant agitait d'une façon vague lorsqu'il parvenait à se rendre maître de lui. Jamais prédicateur n'obtint succès pareil à celui qui vint couronner les efforts d'Albert. Considérant sa nouvelle position sous son vrai jour, Jean Pecqueur vit bien que la croix de la Légion-d'honneur ne pouvait lui échapper, et qu'il s'agissait pour lui d'un peu de patience. Avec l'avancement rapide que lui donnaient les batailles, cette vertu n'était pas difficile à pratiquer.

Les choses en étaient là, lorsque la nouvelle de l'armistice et de la suspension d'armes courut dans toute l'armée avec la rapidité de la foudre, lorsque de toutes parts on se croyait à la veille de nouveaux combats, et l'on se préparait pour ajouter de nouveaux lauriers aux lauriers de Magenta et de Solférino. Le premier étonnement n'était pas encore apaisé qu'on apprit l'entrevue des deux souverains et la signature des préliminaires de paix à Villafranca.

Ce fut alors au tour de Jean Pecqueur d'avoir de douces paroles pour son ami Albert de Basso-Campo.

Le jeune Italien avait cru fermement que la campagne ne se terminerait que sur l'Adriatique. La signature de la paix de Villafranca lui arracha des larmes qu'il ne chercha point à dissimuler. Cependant, comprenant bien vite que ce ne pouvait être que partie remise et que la libération complète et absolue du territoire italien devait arriver tôt ou tard, pourvu que l'Italie sût conserver la puissante alliance de la France et ne pas se jeter dans des aventures qui lui avaient été maintes fois si préjudiciables, il voulut à tout prix ne pas perdre les amis qu'il s'était faits et continua de leur montrer aussi bon visage qu'avant la paix. Il eut toujours la même affection pour Jean Pecqueur. Gringalet, qui avait eu la médaille militaire pour la part qu'il avait prise à la conquête des canons autrichiens, reçut un cadeau touchant d'Albert de Basso-Campo : une boîte admirablement travaillée dans laquelle se trouvaient trois médailles de diverses grandeurs et plus de ruban qu'il n'en devait consommer durant sa vie entière. En lui remettant ce cadeau, Albert lui dit qu'il ne voulait pas qu'un aussi brave garçon pût regarder sa poitrine sans penser à l'Italie et aux amis qu'il y laisserait lorsque l'armée française quitterait les provinces qu'elle avait délivrées de la présence et de la domination de l'étranger.

Mais celui pour lequel le jeune Italien réserva ses plus affectueuses complaisances, fut le père Zou-Zou, désormais séparé de l'armée par sa blessure. Albert le fit transporter à Milan dans une des maisons qu'il possédait dans cette ville et lui prodigua tous les soins et toutes les attentions qu'il aurait donnés à un frère tendrement aimé. Au reste, hâtons-nous de l'ajouter, le comte d'Arona étant, sur ces entrefaites, venu rendre visite à son ami, les deux jeunes hommes échangèrent des explications fort vives, chacun marchant dans une voie diverse et croyant suivre le bon chemin. Albert de Basso-Campo fut assez heureux pour ramener le comte à son opinion. Dès ce moment, l'un et l'autre se sentirent plus forts et ils s'allièrent pour faire triompher parmi tous leurs amis la ligne de conduite que suivait Albert.

Revenons à nos amis.

L'armée française a repassé le Mincio et une portion de chacun des corps qui la composent se dispose à rentrer en France. Les régiments auxquels appartiennent Jean Pecqueur, Ben-Ticket, Gringalet, doivent figurer dans la grande fête que Paris prépare pour faire une réception digne d'elle à cette armée victorieuse. Aujourd'hui, grâce à la vapeur et aux chemins de fer, les distances sont supprimées. Une armée entière franchit trois cents lieues comme une modeste étape de l'ancien régime et le soldat n'est pas plus fatigué qu'un simple voyageur. Sous une tente au bois de Vincennes nous retrouverions aisément tous nos anciens amis. Ils sont là jouant et devisant comme au lendemain de Palestro et de Magenta. Leur campement agreste est provisoire, car c'est le lendemain qu'ils doivent faire leur entrée solennelle dans Paris.

XXXIII

Paris se souvient encore de toute cette armée campée dans les champs et les villages qui avoisinent la gare du chemin de fer de Lyon. Chaque corps avait son campement particulier établi avec un ordre admirable. Tout le monde, dans la journée, pouvait circuler librement dans les rues improvisées et pénétrer sous la tente pour voir de près ces soldats qui avaient si rapidement fait une si glorieuse campagne. Les Parisiens ou plutôt les habitants de Paris sont curieux naturellement. Ils profitèrent en masse de cette liberté pour aller chercher dans la foule leurs amis, leurs connaissances, leurs concitoyens du village, comme a dit M. de Lamartine.

Jean Pecqueur, dont l'histoire avait fait du bruit à Sainte-Suzanne, à Orthez et dans les environs, vit venir à lui une foule de compatriotes, qui sont toujours en grand nombre à Paris depuis Henri IV qui leur en apprit le chemin. Il est probable que tous ces compatriotes ne l'auraient pas regardé si le jeune paysan était resté en Italie ce qu'il était en partant de Constantine. Et cependant la chose aurait fort bien pu se passer ainsi sans que le brave garçon eût un mérite de plus ou de moins. Avec la finesse instinctive de tous les paysans des montagnes, le jeune sous-lieutenant vit fort bien d'où lui venaient toutes ces marques d'amitié et de sympathie de fraîche date qu'on essayait de lui donner... Il ne se laissa pas prendre à ces sentiments improvisés et cependant se garda bien de repousser des avances qui, après tout, pouvaient être sincères.

Au reste, depuis qu'il avait quitté la terre italienne, Jean Pecqueur était triste. Il n'avait plus auprès de lui ce jeune homme instruit, élégant et plein de cœur qui était venu spontanément à lui après le combat de Palestro. En lui, Jean Pecqueur sentait qu'il avait un ami d'attache solide et désintéressé. Albert de Basso-Campo était resté en Italie, et les adieux des deux amis sur les frontières de la Lombardie avaient été pleins de tristesse et de mélancolie. On aurait dit que l'un et l'autre pressentaient qu'ils se voyaient et s'embrassaient pour la dernière fois. Tout manquait à Jean Pecqueur à la fois. Le père

Zou-Zou non plus n'était pas avec lui. Sa blessure le retenait à Milan et qui sait, qui pouvait savoir si jamais il reparaîtrait au corps. En un mot, au lieu de ce garçon alerte, vif, insouciant que nous avons vu au commencement de cette histoire, nous retrouvons un homme sérieux et réfléchi qui comprend sa position nouvelle, mais qui regrette bien des choses dans son passé, quoique ce passé ne vaille pas le présent et surtout n'ait jamais eu les brillantes perspectives de l'avenir.

Au contraire, Gringalet est toujours le même. La médaille militaire accrochée sur sa poitrine ne l'a pas rendu plus fier que les galons de sergent qui maintenant décorent les manches de sa capote grise. Il ne change pas; son caractère ne subit aucune modification et il croit toujours que les autres sont comme lui. C'est pourquoi, apprenant que le 2ᵉ régiment de zouaves est arrivé, il s'empresse de courir à travers le camp, jusqu'à ce qu'il ait retrouvé son vieil ami Jean Pecqueur.

Il l'aborde comme au temps de Partinozza et de Ventiglia. Il a de nombreux camarades de tous côtés et il propose au nouveau sous-lieutenant de lui faire les honneurs de Paris, que Jean Pecqueur ne connaissait en aucune façon.

Pour chasser les idées noires qui envahissaient son cerveau, autant que pour paraître ne pas faire sa tête depuis qu'il était par son nouveau grade élevé fort au-dessus de ses anciens camarades, Jean Pecqueur accepta la proposition de Gringalet. Quelques minutes suffisaient pour les jeter en plein Paris, au centre de cette immense ville, bien plus bruyante et animée, sinon plus belle que Gênes, Milan ou Brescia. Ils allaient héler une des mille voitures qui en ce moment arrivaient au camp de tous les points de la capitale, lorsqu'en passant auprès des tentes d'un régiment de grenadiers de la garde, ils s'entendirent appeler par leur nom. En même temps quatre bras vigoureux les enlaçaient et leur donnaient la plus sympathique des accolades. Les deux jeunes soldats du 37e de ligne que nous avons entendus à Partinozza racontant le combat de Melegnano, incorporés dans ce régiment de grenadiers, venaient de reconnaître Gringalet et Jean Pecqueur, et n'avaient pu retenir leur premier mouvement de plaisir en les reconnaissant. Bon gré malgré, il fallut faire une halte à ce campement de la garde où l'on retrouva bien vite quelques autres amis.

En ce moment, sous les tentes, il se racontait bien des histoires que les écrivains populaires auraient pu recueillir. Les parents, les amis, les connaissances, les simples curieux se montraient avides d'apprendre les moindres détails de cette merveilleuse campagne si rapidement terminée par la paix de Villafranca. Et les soldats ne se faisaient pas faute de satisfaire cette curiosité des bourgeois. Le soldat français est conteur de son naturel. Dès qu'il trouve des gens pour l'écouter, il est toujours disposé à étaler tout son répertoire.

— Figurez-vous, disait un jeune grenadier en entrecoupant ses phrases par de nombreuses libations rafraîchissantes, figurez-vous qu'aucun de nous n'avait jamais pu, même en rêve, se faire une idée d'un pareil tremblement. La terre frissonnait partout où nous passions, et notre artillerie répondant à l'artillerie autrichienne faisait entendre la plus formidable musique que jamais aient entendue des oreilles humaines! Ah! mes amis, je puis vous assurer que ce n'était pas gai dans le voisinage de tous ces mamelons, de toutes ces collines fortifiées qui étaient dominées par la grande tour de Solférino, l'espionne de l'Italie, comme on l'appelait autrefois, tant on domine de territoires quand on est perché sur sa crête et qu'on veut regarder au loin. Et cependant pas un de nous n'avait peur. Au contraire, tout ce grand bruit ne faisait qu'aiguillonner les courages et jeter une ardeur sans égale dans tous les cœurs. Tous nous étions décidés à faire plus que notre devoir pour bien prouver qu'en France les soldats sont toujours aussi intrépides que par le passé. Nos officiers n'avaient guère besoin de nous exciter. Il suffisait qu'ils nous eussent montré le but qu'il fallait atteindre pour qu'aussitôt on nous vît courir comme si nous allions à la noce. Nos vieux généraux d'Afrique, de fiers lapins cependant, c'est moi qui vous le dis, avaient peine à nous reconnaître. Jamais ils n'avaient vu parmi nous semblable émulation. Comme ils nous l'ont dit après, ils en étaient émerveillés, et avec de pareils hommes ils se sentaient de force à tout oser et à mener à bien toute entreprise.

Il y eut cependant un moment où, malgré des efforts inouïs, personne ne fut bien assuré de la victoire, excepté nous qui sentions que rien ne nous arrêterait excepté la mort, et celle-là ne manquait pas. Elle pleuvait de tous côtés, dru comme la grêle portée par un violent orage d'été. Et malgré tout, nous avancions fermes et inébranlables. Mais les obstacles à peine franchis renaissaient un peu plus loin.

Il y eut là trois ou quatre heures qui furent un dur moment à passer pour tout le monde. Mais enfin, grâce aux canons rayés, qui nous épargnèrent la fin de la besogne en allant détruire les réserves autrichiennes au moment où elles se massaient en colonne pour entrer en ligne avec toute l'ardeur de troupes fraîches, nous pûmes définitivement nous loger dans les positions d'où nous étions parvenus à débusquer l'ennemi. Ce n'avait pas été sans peine. Et ce renfort que nous apportait de loin l'artillerie n'était pas de refus. Personne parmi nous ne s'en plaignit et nous commençâmes à respirer un peu plus à notre aise. S'il faut tout vous dire, nous commencions à en avoir grand besoin pour nous reconnaître et nous reformer en comblant les vides que la mitraille, les balles et les boulets autrichiens avaient faits dans tous nos rangs.

En ce moment, il y eut pour nous tous une espèce de halte dont nous profitâmes avec le plus grand plaisir.

Mais jamais, au grand jamais, vous ne pourriez vous imaginer au milieu de quelles ruines nous nous trouvions. Si les hommes étaient en déroute, on pouvait en dire autant des pierres des fortifications qui couvraient toutes ces collines. Tous les pans de mur qui restaient debout, soit des défenses nouvelles, soit des défenses anciennes, étaient déchiquetés, travaillés à jour par les obus comme par la main d'un habile ouvrier. Vous auriez dit une dentelle gigantesque. Et c'était au milieu de toutes ces pierres branlantes qui menaçaient à tout instant, sans crier gare, de venir se joindre à celles qui jonchaient le sol, que nous nous reposâmes un instant.

Nous autres, les grenadiers, nous fûmes des mieux partagés. L'artillerie autrichienne reculant de plus en plus pour se mettre à l'abri de nos canons rayés dont chaque volée faisait des ravages effroyables, nous nous trouvâmes bientôt hors de sa portée. Mais cela ne faisait pas entièrement notre affaire. Jusqu'à ce que la victoire fût définitivement rangée sous nos drapeaux, nous voulions être exposés au feu comme les camarades et travailler tant qu'il restait un pouce de terrain à conquérir. Nous en eûmes pour notre argent. Nous n'avons pas à nous plaindre pas plus que les autres. Chacun de nous dans tous les corps de l'armée a eu sa portion de besogne. Nous l'avons bien vu quand nous avons pu lire les rapports et les bulletins. La jalousie n'est possible entre aucun de nous. N'est-ce pas, mon lieutenant ?

Le grenadier s'adressait ainsi directement à Jean Pecqueur qui répondit en faisant de la tête un signe d'assentiment.

— Maintenant, mes amis, ajouta le grenadier s'adressant aux bourgeois qui se pressaient sous la tente, si vous voulez d'autres renseignements et d'autres détails, adressez-vous aux camarades avec confiance. Pour moi, je vous ai dit ce que j'ai fait et ce que j'ai vu à la grande bataille de Solférino.

— C'est bien assez pour un seul homme, dit un loustic qui se trouvait dans la foule.

— Eh bien ! c'est comme ça pour chacun de nous, répondit le grenadier.

Ce que nous racontons là est un épisode entre mille : partout il y en avait de semblables. Car les Parisiens se portaient en foule aux camps formés par toutes ces troupes qui devaient recevoir l'ovation de Paris.

Avant la grande fête officielle, il y en avait une multitude de partielles auxquelles tout le monde prenait part. De tous côtés, il y avait des groupes semblables à celui que nous venons de décrire où l'on voyait des soldats conteurs et des bourgeois avides de les entendre.

XXXIV

Jean Pecqueur, auquel manquait depuis longtemps la conversation si attrayante d'Albert de Basso-Campo, ne pouvait trouver un grand charme à ces récits militaires. Son ami l'avait accoutumé à une nourriture de l'esprit plus substantielle. Les livres seuls pouvaient désormais, tant que durerait l'absence ou l'éloignement de cet ami, remplacer le jeune Italien, les livres ou la fréquentation des hommes instruits, la vue des monuments et la méditation.

C'est pourquoi, faisant signe à Gringalet, il s'empressa de sortir de cette tente où quelque nouveau bourgeois allait faire recommencer la même histoire à quelque autre soldat conteur.

Mais, comme on dit, il ne sortit de Charybde que pour tomber en Scylla.

Il avait à peine fait quelques pas dans le camp avec l'intention de prendre le chemin de Paris, qu'il se vit barrer la route par une bande de turcos qui arrivaient en folâtrant de l'autre côté. Durant ces jours qui précédèrent la grande solennité, les turcos furent, dans la ville comme au camp, les vrais lions du moment. Ils excitaient de toutes parts une vive curiosité, et chacun se pressait, partout où l'on pouvait les rencontrer, pour les voir de près et tout à loisir. Paris est ainsi fait. Il lui faut sans cesse quelque objet violent d'attraction, qui puisse donner satisfaction aux instincts de curiosité de ses badauds et de ses flâneurs. Au reste, hâtons-nous de l'ajouter, tous les journaux avaient, pendant la campagne d'Italie, tellement parlé du régiment de tirailleurs indigènes de l'Algérie, que, dans la circonstance présente, on comprenait parfaitement l'intérêt qu'excitaient les turcos. Dans toute autre ville de France, les choses se seraient passées absolument de la même façon qu'à Paris. L'uniforme, le visage, l'allure étaient de nature à partout appeler l'attention de tout le monde. Et, chose singulière, c'étaient surtout les soldats qui avaient le privilège d'attirer ainsi la curiosité. Quant aux officiers indigènes, portant des armes d'une richesse incroyable, la tête couverte de turbans en cachemire qui auraient fait envie à une petite maîtresse, on ne les regardait presque pas plus que les officiers des autres corps.

***

La bande qui coupait la rue dans laquelle s'étaient engagés Jean Pecqueur et Gringalet, était conduite par un homme qui se détacha vivement du groupe à leur approche.

Ben-Ticket était à Paris tel que nous l'avons vu en Italie, tel qu'il était en Afrique et en Crimée, un type d'insouciance et de bravoure, ami du plaisir quand la bataille ne le réclamait pas, au demeurant un excellent garçon. Tout ce qui était bruyant l'attirait instinctivement. Dans le camp, il se faisait remarquer par l'entrain qu'il apportait à mettre en branle tous ses compagnons. Plus qu'aucun autre il était heureux de visiter la grande capitale et le montrait. On pouvait dire avec certitude qu'on allait rencontrer Ben-Ticket partout où il était question de s'amuser et surtout de s'amuser avec éclat.

— Voilà des amis ! s'écria le tirailleur algérien quand il ne fut plus qu'à quelques pas de Jean Pecqueur et de Gringalet.

Et aussitôt il courut à eux et leur prit les mains avec les démonstrations de la joie la plus vive et la plus expansive.

— Il vaut encore mieux être ici qu'au village près de Milan, ajouta-t-il dans son baragoin qui offrait le curieux mélange de tous les idiômes de la Méditerranée servant à la confection de la lanque franque.

— Cela dépend, répondit Jean Pecqueur qui ne voyait dans Ben-Ticket que l'ami du père Zou-Zou.

— Bah ! répondit le turco, tous les jours fête et plaisir et pas d'ordre de départ qui vous oblige à quitter les amis au bon moment.

— Ainsi, vous êtes content, mon brave Africain.

— Tant que cela durera et pourvu qu'on nous renvoie bien vite en Afrique.

— Soyez tranquille, dit Gringalet, vous serez satisfait, on ne va pas vous garder ici éternellement.

Là-dessus, serrant encore la main que leur offrait Ben-Ticket, habile et prompt à copier tous les gestes des civilisés, les deux amis purent enfin gagner les avant-postes du camp, se jeter dans une voiture et venir visiter les boulevards de Paris qui n'ont pas leurs pareils dans le monde entier.

Quoique Jean Pecqueur eût laissé beaucoup de sa naïveté première en Italie, après avoir dépensé beaucoup d'admiration devant les monuments de Gênes, de Milan, de Brescia, il put encore admirer les grandes perspectives que Paris offrait à ses regards. Mais ce qui l'émerveillait principalement, c'était la population qui sans cesse anime les grandes artères de la capitale, ce mélange permanent des affaires et des plaisirs ; et c'est bien là du reste ce qui frappe tout d'abord les étrangers. On peut dire avec vérité que tel est le cachet distinctif de la capitale de la France et de la civilisation européenne. Conduit par Gringalet, qui était fier de son rôle de cicerone, Jean Pecqueur admirait tout ce qui frappait ses regards. Si les monuments n'avaient pas pour lui cet attrait de nouveauté qu'ils auraient eu avant la campagne d'Italie, ils ne lui en paraissaient pas moins beaux et dignes en tout du peuple puissant qui les avait élevés. Il répétait, à chaque instant, des phrases qui trahissaient tout ce qui se passait dans son intelligence, et s'il avait quelque regret, un seul était persistant, celui de ne pas retrouver auprès de lui son inséparable et charmant ami Albert de Basso-Campo.

Au milieu de ces courses et de ces délassements de toute sorte, le jour fixé pour l'ovation solennelle de l'armée arriva. Nous n'essaierons pas de redire ici les émotions qui agitèrent Paris quand il vit défiler, division par division, régiment par régiment, de la place de la Bastille à la place Vendôme, les soldats héroïques de Palestro, de Magenta et de Solferino. Il y a des spectacles qu'il faut avoir vus pour les comprendre, et quand on les a vus, toute description paraît froide, lorsqu'on revit plus tard avec ses souvenirs. Laissons donc chacun à ses propres pensées. Quiconque fut témoin de cette solennité, comprendra notre discrétion et l'excusera.

Ce long défilé dura plusieurs heures, et, sur tout ce grand parcours, les plus belles couronnes comme les plus chaleureuses acclamations ne furent pas toujours pour les généraux et pour les officiers, qui tous avaient des amis et des parents dans la foule encombrant les trottoirs des deux côtés. Bien souvent un régiment entier recevait de bruyants applaudissements populaires. Le peuple aime les soldats, parce que c'est lui qui les fournit. Il les aime encore, parce qu'au moment où ils quittent le drapeau, leur temps de service fini, c'est dans le peuple qu'ils rentrent. Les couronnes et les lauriers populaires allaient donc chercher le soldat dans les rangs, et celui-ci, qui d'instinct comprenait ce que cela voulait dire, s'empressait d'accueillir ces fleurs et ces verdures, dont il faisait des couronnes pour ses armes. Je puis affirmer en témoin oculaire qu'il y avait là un spectacle touchant.

XXXV

Le lendemain de cette grande fête nationale, on s'occupa d'éloigner de Paris cette grande agglomération de troupes. Il aurait été difficile, pour ne pas dire impossible, de les garder plus longtemps. Les régiments auxquels appartenaient Jean Pecqueur, Gringalet et Ben-Ticket reçurent l'ordre de retourner dans leurs garnisons habituelles d'Afrique. Mais avant de repasser la mer, Jean Pecqueur obtint la permission d'aller embrasser sa vieille mère, revoir son village de Sainte-Suzanne et passer quinze jours au pied des Pyrénées.

Pour le brave garçon, la joie qu'il se promettait en se retrouvant au milieu d'une famille qu'il adorait était bien supérieure à celle qu'il avait éprouvée à Paris au milieu de la foule immense accourue pour voir rentrer l'armée d'Italie. Hélas! une de ces douleurs qui saignent toujours au cœur des honnêtes gens l'attendait sur le seuil de sa chaumière natale. Toute sa famille en deuil était rangée autour d'un grand lit de campagne sur lequel, la pâleur de la mort au visage, reposait la mère de Jean Pecqueur. On eût dit qu'elle n'attendait que le retour de son fils bien-aimé pour rendre le dernier soupir. Car elle en était déjà à la suprême agonie, et l'on s'attendait de minute en minute, selon la poétique expression des paysans, à la voir passer.

Sans faire autrement attention à ses frères et à ses sœurs, à son vieux père dont la tête blanchie s'inclinait sur la poitrine pendant que tout son être témoignait qu'il était plongé dans une affliction profonde, Jean Pecqueur alla s'agenouiller au chevet de la mourante. Il prit dans ses mains sa main déjà froide et raidie, et laissa tomber les larmes qui le suffoquaient et lui brûlaient le cœur. La vieille mère parut sortir d'un assoupissement léthargique prodrome du sommeil éternel, poussa un soupir profond, et ouvrant des yeux démesurés :

— Mon fils Jean est là ? dit-elle d'une voix éteinte.

Jean se leva avec peine, ses genoux fléchissaient sous lui, et collant ses lèvres aux lèvres de sa mère, il ne put que lui témoigner par ce baiser combien il l'aimait toujours, combien il n'avait pas un seul instant cessé de l'aimer.

Les forces parurent revenir à la bonne femme. Elle regarda son fils avec une tendresse ineffable, et ses lèvres s'entr'ouvrirent encore pour murmurer :

— Officier! avec l'épaulette d'or! Je l'avais bien vu. Dieu ne pouvait pas me tromper. Je meurs heureuse!...

Et l'on n'entendit plus rien. Les traits se fixèrent avec une expression séraphique qu'on ne leur avait jamais vue. Jean tenait toujours la main de sa mère et dans toute la pièce régnait un silence religieux. Enfin l'une des sœurs poussa un grand cri qui sembla réveiller tout le monde. Elle venait de s'apercevoir que la mère était morte.

Le vieillard quitta péniblement son siége. Il vint, au milieu de ses enfants, donner pour la dernière fois un regard d'amour à celle qui avait été la compagne fidèle de sa vie, puis d'une main tremblante il lui ferma les yeux.

Le lendemain on rendit à la terre cette dépouille mortelle. En voyant ce pauvre convoi suivi par ce brillant officier, tout le village de Sainte-Suzanne apprit la fortune rapide qu'avait faite un de ses enfants. Beaucoup en doutaient encore quoiqu'on le leur eût dit aux marchés d'Orthez et de Navarreux. Mais désormais il fallait bien se rendre à l'évidence. L'épaulette d'or était un témoin irrécusable. Grâce un peu peut-être à cette circonstance, dans son affliction la famille de Jean Pecqueur n'eut qu'à se louer de tous ses voisins.

Ne me demandez pas maintenant pourquoi, quinze jours après, on remarqua à Marseille une teinte de mélancolie sur la figure de Jean Pecqueur au moment où il monta l'échelle de l'un des paquebots qui font le service de l'Algérie. Vous le savez aussi bien que moi.

XXXVI

Sur ce même paquebot, nous retrouvons Ben-Ticket, qui n'a pu se résigner à quitter Paris en même temps que ses camarades, et qui maintenant est pressé de rejoindre son régiment, et Gringalet qui est parvenu à reprendre sa place dans les zouaves. Oubliant leur vieille rivalité d'amour, Ben-Ticket et Gringalet sont au mieux ensemble. Ils ne se sont pas quittés depuis Paris et se promettent bien de rester toujours bons amis sur la terre d'Afrique.

Avant tout le monde, le Parisien et l'Africain ont remarqué la tristesse qui voile la figure ordinairement si avenante de Jean Pecqueur. Ensemble ils prennent à tâche de distraire le jeune sous-lieutenant, de l'arracher à sa mélancolie, tout en respectant un secret qu'il ne leur a pas communiqué.

Rien n'est plus discret qu'un Arabe, mais en

même temps aucune imagination n'est plus inventive, si ce n'est peut-être une imagination parisienne. Gringalet et Ben-Ticket étaient parfaitement faits pour se comprendre et vivre d'une vie commune également agréable pour tous les deux. Ils n'eurent pas longtemps à se concerter pour dresser un plan de campagne et lui donner un commencement d'exécution.

— Mon lieutenant, dit Gringalet en s'approchant par la droite, pendant que Ben-Ticket s'approchait par la gauche, voilà le turco qui me soutient depuis une heure que nous n'avons pas en France d'ouvriers capables de travailler comme les Maures d'Alger.

— Sans doute, reprit d'un ton énergique Ben-Ticket, chacun son métier. Vos fabriques ne valent pas les nôtres pour ce que nous aimons et vos outils ne sont pas aussi habiles que nos mains.

— Bien, bien! mais nous faisons beaucoup mieux tout ce qui peut être utile dans les pays civilisés.

— Reste à savoir.

— C'est tout su.

— Non pas, et la preuve c'est que j'ai vu dans vos bazars et chez vos marchands bien des choses qui viennent d'Alger.

— Oh! quelle farce! mais il y a de tout dans nos bazars.

— D'accord, et voilà pourquoi je persiste dans mon opinion.

Rien n'était plus comique que cette discussion, et dans toute autre circonstance ou disposition d'esprit, Jean Pecqueur en aurait ri de bien bon cœur. Mais en ce moment il n'écoutait ce bruit de paroles que parce qu'il ne savait comment s'en débarrasser.

— Quand vous viendrez dans ma maison, reprit Ben-Ticket, je vous ferai voir des armes et des broderies maures comme vous n'en avez jamais vu. J'ai dans mon divan deux fusils conquis sur les Marocains, des éventails, des drapeaux, des gibecières, des écharpes qui pourraient faire envie à un chef redoutable. Mais tout cela est à moi et personne ne me l'enlèvera jamais, parce que je l'ai gagné en risquant ma vie. Tout le monde le sait parmi les miens et tout le monde me respecte à cause de cela. Je n'ai rien vu, ni en Italie, ni en France, qui vaille mes trophées. Vous les verrez et vous jugerez. Dans vos pays, je n'ai jamais trouvé de grandes richesses que dans les églises où vous adorez Dieu.

— Bravo ! voilà qui est bien parlé.

— Je le sais bien et je vous dis que vous parlerez comme moi quand vous aurez vu.

— Ah ça, dit Gringalet changeant de ton, c'est

donc une invitation que vous nous faites d'aller vous voir.

— Eh! sans doute.

— Bon! j'accepte.

— Croyez-vous que je vais vous laisser passer devant la porte de ma maison sans vous engager à entrer?

— Suffit! c'est accepté.

— Vous verrez que nous aussi nous savons arranger des habitations pour nous reposer tranquillement quand l'âge commence à briser nos forces et raidir nos membres. Je n'en dis pas plus long ; je veux que vous voyiez pour être convaincu.

A cette dernière phrase, Jean Pecqueur, qui n'avait point oublié l'histoire de Gringalet et de Saïda, releva la tête et regardant en face les deux amis :

— Je vous croyais marié, Ben-Ticket, dit-il d'un ton qui aurait fait frissonner de la racine des cheveux à la plante des pieds tout autre qu'un Arabe.

— C'est vrai, lieutenant, et fièrement marié encore. Ma femme est la fille unique de Ben-Ahmed, un homme puissant et sage de l'oasis d'Ougli. Elle se nomme Saïda, et nulle femme ne l'emporte sur elle en grâce et en beauté.

— Et cela ne vous fait pas hésiter avant d'amener des amis dans votre maison ?

Ce fut au tour de Ben-Ticket à regarder en face Jean Pecqueur. Il ne voyait pas clairement dans ce qu'avait voulu lui dire le jeune sous-lieutenant. Enfin, l'idée soupçonneuse entra dans son cerveau.

— Celui qui concevrait jamais une pareille pensée, dit-il lentement et d'un air sombre, pourrait dire qu'il a vécu.

Il y eut un moment de silence pendant lequel les trois amis continuèrent à se promener sur le pont du paquebot. Le sergent des tirailleurs indigènes d'Algérie reprit le premier la parole. Il était absolument maître de lui ; toute trace d'émotion avait disparu et il dit en riant :

— Vous avez entendu raconter bien des histoires de fêtes en Afrique. Eh bien! croyez-moi... Jamais l'oasis d'Ougli, ni aucune portion du Désert algérien n'ont vu une noce pareille à la mienne. Ben-Ahmed avait une fortune considérable, et il voulut, dans cette grande circonstance, déployer toute la magnificence dont les Arabes sont capables. Il y eut là des splendeurs dignes d'être rapportées par nos poétiques conteurs. Ce fut merveilleux comme ce que nous lisons dans les livres qu'écrivait la sultane pour distraire son seigneur Shaabaham. Permettez-moi de vous en donner une idée.

Quand la nuit fut venue, on alluma partout des flambeaux à branches innombrables. Toutes ces lumières, répandant de toutes parts les plus brillantes clartés, auraient fait pâlir l'éclat du jour. Toute la maison avait aussi des feux qui jouaient avec les arabesques et les peintures des galeries. Puis, quand les musiciens arrivèrent et que l'heure de la promenade fut venue, des serviteurs noirs comme l'ébène prirent ces flambeaux, dont les lueurs faisaient ressortir l'éclat des physionomies et des costumes; les hommes en burnous blancs, jouant de la mandoline et de la flûte, se mirent à notre tête et tout le cortége s'avança sur la route en cadence. Nous traversâmes ainsi tout le village, et partout sur notre passage ce n'était qu'un cri d'admiration.

Les vieillards disaient que jamais ils n'avaient vu chose pareille, et les jeunes gens se promettaient d'en garder précieusement un long souvenir.

Ben-Ahmed seul, tout en déployant un grand luxe, paraissait triste. Il est vrai qu'on ne se sépare pas d'une fille unique comme Saïda sans qu'il en reste quelque mélancolie dans le cœur. Tout le monde d'ailleurs compâtissait à la triste position du veillard. Et moi tout le premier, si je l'avais osé, après les premiers jours du mariage, j'aurais proposé à Saïda de la laisser auprès de son père afin qu'elle consolât le vieillard et lui tînt compagnie. Mais qu'aurait-on dit de moi dans les tribus et l'honneur de Saïda n'aurait-il pas eu à souffrir de ce qui aurait eu toutes les apparences d'un délaissement ? Je méditai longtemps sur toutes ces choses, car j'ai le cœur bon, malgré toutes les légèretés apparentes de mon caractère. Plus je réfléchissais, plus je trouvais ma position délicate et difficile. D'une part, je voyais que bien souvent mes devoirs de guerrier m'obligeraient à laisser ma femme seule. De l'autre, Ben-Ahmed me paraissait profondément atteint par la perte de sa fille unique. Mais entre les deux m'apparaissait l'honneur compromis de Saïda. Dans ces circonstances, je n'hésitai pas. Je sacrifiai le vieillard, non sans éprouver un serrement de cœur, mais avec un courage inflexible. Je conduisis Saïda chez mon père, où elle fut reçue comme la fille de la maison, et moi-même, en revenant quelque temps après au milieu de mes camarades, je prouvai que je savais tenir le serment que j'avais juré à mes officiers et à mon drapeau. Cette conduite m'a porté bonheur : car depuis cette époque j'ai bien souvent fait la guerre et je me suis exposé autant qu'un autre dans des endroits où la mort atteignait les plus braves. Jamais une balle n'est entrée dans mes chairs; jamais la baïonnette ou le sabre d'un ennemi n'ont égratigné ma peau.

Ben-Ticket s'arrêta, et ni Jean Pecqueur ni Gringalet n'essayèrent de prendre la parole pour lui répondre. Le jeune Arabe leur apparaissait sous un jour tout nouveau que ni l'un ni l'autre n'auraient pu soupçonner.

Ainsi cette conversation si bizarrement et si gaiement commencée se terminait par une espèce d'élégie du désert.

XXXVII

Mieux que tout autre, Jean Pecqueur était dans une disposition d'esprit à comprendre tout ce qu'il y avait de sentiments nobles et élevés dans ce que venait de dire Ben-Ticket. Aussi, dès ce moment, le jeune Arabe fut placé dans son estime et dans son amitié presque sur le même rang qu'Albert de Basso-Campo. Le turco aurait pu s'apercevoir de la révolution favorable qui venait de s'opérer dans l'esprit du jeune sous-lieutenant par le ton sur lequel celui-ci reprit la conversation.

— Et vous aimez d'amour la belle Saïda?

— Si je l'aime, reprit l'Arabe. Mon officier, je ne sais pas bien au juste le sens qu'en Europe vous attachez à ces mots. Dans notre Afrique et surtout au désert, quand nous les avons prononcés une fois, cela dure autant que la vie la plus longue.

Il s'arrêta un instant et regarda mélancoliquement les flots azurés de la mer qui se perdaient dans un horizon infini.

— Les sentiments occupent peu de place dans notre vie, reprit-il, ou pour mieux dire ils sont peu nombreux. Mais aussi en général, ils ont une profondeur que je n'ai jamais remarquée parmi vos compatriotes que j'ai pu connaître. Moi, par exemple, que vous seriez tenté d'accuser de légèreté, j'aime Saïda de toute la force de mon âme, et je n'ai de bonheur que lorsque ma pensée vole vers elle sur une aile rapide. Mais quand j'ai uni cette jeune fille à ma destinée, quand j'ai mis sa main dans la mienne, j'étais engagé d'honneur à servir sous le drapeau français. Je voulais que la renommée, comme nous appelons votre étoile d'honneur, brillât sur ma poitrine, afin que la femme qui devait me donner son cœur et à laquelle je donnerai le mien, pût être fière de moi comme d'un guerrier illustre. Maintenant le bonheur est venu avant la gloire, tant mieux. Je ne soupire qu'après le jour où je pourrai revoir tranquillement et les vastes campagnes où je suis né et la maison qui m'appartient, et vivre auprès de ma Saïda bien-aimée.

— Tout cela est bien et sagement pensé, Ben-Ticket, et je vous promets d'aller vous faire une visite.

— J'y compte bien, mon lieutenant. Et tout de suite au débarquement.

— Cela ne sera guère possible, mon ami.

— Au contraire, mon lieutenant, et de cette sorte c'est on ne peut plus facile.

— Comment cela ?

— Quand vous débarquerez, il vous restera trois ou quatre jours de liberté avant l'expiration de votre congé. Ce temps-là nous suffit.

— Nous n'irons donc pas dans l'oasis d'Ougli?

— Non, mon lieutement. Saïda habite avec mon père et toute ma famille, entre les villes de Tlemcen et d'Oran, dans un village que nous atteindrons en quelques heures de marche sur les chevaux qui m'attendront au port.

— Allons, puisque vous l'arrangez ainsi, c'est décidé.

— Je vous ferai voir une fête que vous ne connaissez sans doute pas, la fête des nègres.

— Je l'avoue, je ne connais pas cette fête, même de nom.

— Eh bien ! mon lieutenant, vous verrez qu'elle vous amusera.

— En quoi consiste-t-elle ?

— Cela dépend. Les nègres de notre Afrique ont deux époques où ils se réjouissent plus particulièrement. Nous sommes en ce moment à leur période d'été. Leurs réjouissances sont plus belles pendant cette saison que pendant l'hiver. En ce moment ils peuvent en liberté déployer toute leur vigueur et leur habileté dans les jeux de force et d'adresse.

— Mais enfin, dit Gringalet, que son rôle de muet commençait à fatiguer, n'ont-ils pas quelque jeu particulier?

— Vous verrez, vous verrez, je ne veux pas vous ôter le plaisir de la surprise.

— N'importe, parlez toujours, Ben-Ticket, nous comprendrons mieux.

— Eh bien! mes amis vous verrez comment les nègres ont fait du fouet une arme terrible.

— Du fouet?

— Oui, mes amis. C'est d'abord un passe-temps pour eux. Mais à l'occasion ils s'en servent pour attaquer et pour se défendre.

— Ce doit être drôle.

— Dans leurs amusements, ils commencent par établir une espèce de champ clos sur la lisière duquel se tiennent les spectateurs. Ceux-ci sont maintenus par des espèces de gardes du camp qui se promènent armés d'une longue lance et d'un bouclier comme au désert. Au milieu du terrain se trouve une espèce de chevalet grossier qui indique la limite jusqu'à laquelle peut s'avancer chacun des combattants. Les deux champions entrent dans l'arène chacun de son côté. Ils sont entièrement nus, sauf sur le milieu du corps qui est recouvert d'une légère pièce d'étoffe grossière. Dans leur main s'agite un fouet court, mais bien flexible, en général formé avec un nerf de bœuf. Ils s'avancent courtoisement l'un vers l'autre, se saluent pour indiquer qu'ils ne veulent que s'amuser et intéresser les spectateurs. Puis quand, en étendant les bras, ils croient pouvoir atteindre leur adversaire, tout à coup le nerf de bœuf vole. S'il vient cingler fortement les épaules auquel il est destiné, le coup est bien porté. Toute l'assistance applaudit et l'amusement commence. Mais si le fouet n'a frappé que le vide, alors les huées éclatent au lieu des applaudissements et le maladroit lutteur se voit couvert d'invectives et d'épithètes grossièrement injurieuses par tous les spectateurs. Vous comprenez qu'en pareille circonstance ce n'est plus de l'ardeur qui anime les combattants, c'est de la rage, et une rage qui les pousse souvent à de regrettables excès. Le sang ne tarde pas à couler sous les coups redoublés du nerf de bœuf. Les genoux touchent le chevalet et aucun des deux champions ne veut reculer d'une semelle. Tant que les bras ont quelque reste de vigueur et d'énergie ils frappent, sans qu'une plainte signale les blessures et puisse faire croire à une douleur trop vive. Presque toujours il faut que les spectateurs interviennent. Ils forcent alors les consignes, bousculent les gardes du camp qui opposent une vaine résistance et parviennent non sans peine à séparer les combattants qui sont remis entre les mains des matrones chargées de panser et de guérir les blessures.

— Mais c'est un duel que vous nous racontez là, Ben-Ticket ?

— Sans doute, mais un duel qui ne devient grave et dangereux qu'autant que veulent bien le tolérer les spectateurs.

— Si cela les amuse, ils doivent toujours laisser faire, fit Gringalet avec son insouciance accoutumée.

— C'est le plus grand plaisir des nègres et pas une de leurs fêtes d'été n'est complète si l'on n'y rencontre sur différents points deux ou trois de ces luttes.

Au milieu de ces causeries, la traversée touchait à son terme; on était déjà dans les eaux africaines, et avec un peu de bonne volonté, on aurait pu distinguer la terre dans le lointain.

Ben-Ticket fut le premier qui donna une pensée à ce sol, dont il reflétait si bien toutes les élégances et toutes les ardeurs.

— Dans trois heures, nous serons à Oran, dit-il, interrompant le silence qui avait suivi son histoire nègre.

— Croyez-vous ?

— Certainement. Déjà je sens le parfum des plantes de la côte et je respire avec bonheur l'air embaumé qui me vient de la patrie.

— Puissiez-vous dire vrai, fit Jean Pecqueur qui n'était pas de première force sur les calculs nautiques, la mer commence à me fatiguer.

— Je dis vrai, lieutenant ; tenez, voilà des oiseaux qu'on ne rencontre jamais bien loin du rivage.

— J'ignore tout cela, répondit le jeune officier qui donna en même temps une pensée à son ami Albert de Basso-Campo, dont les bons soins avaient essayé de faire de lui un homme passablement instruit.

Au mouvement qui, depuis quelques instants, se faisait remarquer sur le pont du navire, il était cependant facile de voir que le port de débarquement ne devait pas être éloigné. Passagers et matelots allaient et venaient comme des gens affairés qui n'ont pas de temps à perdre. Où qu'on aille, c'est toujours la même chose ; le départ et l'arrivée présentent toujours le même spectacle.

Ben-Ticket était attendu à Mers-el-Kebir, où s'arrêtait le paquebot. Sans donner à Jean Pecqueur et à Gringalet le temps de se reconnaître, il les entraîna sur ses pas, et le navire n'avait pas encore vidé tout son monde et tous ses bagages que déjà les trois amis couraient sur la route d'El-Kamarh, le village qu'habitait la famille du jeune sergent de tirailleurs algériens.

Dire qu'ils furent reçus, non comme des hôtes, mais comme des fils de la maison, serait croire que le lecteur n'a aucune notion des mœurs hospitalières des Arabes. Il avait suffi que Ben-Ticket dît : Ces Français sont mes amis, pour qu'aussitôt maîtres et serviteurs se fussent mis à la disposition de Jean Pecqueur et de Gringalet. L'ancien paysan de Sainte-Suzanne était tout à fait à son aise au milieu de ces habitudes patriarcales. Il n'en était pas tout à fait de même du Parisien qui, du reste, paraissait fort déconcerté depuis les conversations du paquebot. On serait fort embarrassé d'affirmer qu'il avait complètement renoncé aux projets annoncés à la société de Ventiglia. Du moins, n'en laissait-il plus rien pressentir et l'on peut croire que la façon énergique et tendre dont s'était exprimé Ben-Ticket à l'endroit de Saïda, avait fait naître bien des réflexions salutaires. Après tout, le Parisien, à quelque rang de la société qu'il appartienne, est l'homme du monde qui se console le plus aisément d'une déconfiture d'amour.

XXXVIII

Jean Pecqueur, tout en jouissant des charmes de l'hospitalité arabe, ne perdait pas de vue Gringalet. Il s'était constitué le gardien vigilant de l'honneur de Ben-Ticket, parce que pour rien au monde il n'aurait voulu qu'il arrivât une catastrophe. Au reste, justice doit être rendue au Parisien. Après les premières heures, il avait repris toute son insouciance, et, si elle était jouée, elle aurait dérouté la plus fine subtilité. Saïda parut comme paraissent les femmes arabes dans les maisons. Elle servit son mari et le père de son mari après que ceux-ci eurent servi leurs hôtes. Car, il est bon de le remarquer, jamais le maître d'une maison arabe n'abandonne à qui que ce soit le soin de ceux auxquels il offre l'hospitalité. Pour si grand et si puissant qu'il soit, il tient à honneur de s'acquitter de ce devoir. C'est un acte de religion. Gringalet n'eut l'air de rappeler à la jeune femme aucun souvenir importun. Peut-être même avait-elle oublié qu'elle avait vu cet homme dans la maison paternelle. Car bien souvent nos passions, surtout nos haines et nos rancunes, n'ont d'autre origine qu'un faux point d'optique. Nous croyons qu'une jeune fille nous a regardé avec complaisance lorsqu'elle a passé indifférente auprès de nous.

C'est une question où l'amour-propre inhérent à chacun de nous, surtout l'amour-propre de la séduction conquérante, se fait volontiers complice de nos illusions. Peut-être aussi, à cause de cela, ces illusions sont-elles excusables, quand elles ne sont pas poussées au-delà des bornes raisonnables et ne portent pas préjudice au voisin.

Ici, c'était bien le cas.

Car, revenant à la femme de Ben-Ticket, Saïda, ravissante créature, type accompli de la beauté arabe, ne laissait voir dans ses beaux yeux presque toujours pudiquement baissés, aucune trace de duplicité. Il n'y avait donc pas à s'y méprendre. Quand Gringalet avait parlé de la sympathie qu'il croyait avoir inspirée à la jeune fille, il s'était trompé ou avait été abusé lui-même par quelqu'une de ces fatuités si familières aux enfants de Paris.

Un jour qu'ils étaient seuls, ce qui arrivait fort rarement, Jean Pecqueur crut devoir interroger le Parisien et chercher s'il ne cachait point quelque arrière-pensée dans le cœur. Mais Gringalet à cette interpellation directe se montra beaucoup moins matamore que lorsqu'il était au milieu de ses camarades à Ventiglia. Il confessa naïvement qu'il avait été dupe des apparences, et que dans les paroles de Ben-Ahmed il y avait toujours eu de grandes restrictions ; la principale portait sur l'acte religieux, et Gringalet ne s'était jamais donné la peine de réfléchir à toutes ces choses. Il résulta pour Jean Pecqueur de cette conversation la conviction qu'aucune pensée de vengeance ne couvait sous roche, ce qui permit à ce brave garçon d'accepter sans remords tous les soins que lui prodiguait la famille de Ben-Ticket. Il se trouvait même si bien au milieu de cette vie heureuse des Arabes, qu'il aurait prolongé son séjour parmi eux, si le devoir ne l'eût rappelé à Oran.

Quand il reparut dans son régiment, il trouva un ordre du colonel qui l'appelait immédiatement auprès de lui.

Depuis la mort de sa mère, le jeune sous-lieutenant ne pensait presque plus à ce qui l'avait tant tourmenté pendant les derniers temps de son séjour en Italie. Jean Pecqueur ne comptait plus sur la croix que pour le moment où quelque action d'éclat l'aurait de nouveau mis en relief.

Grand fut donc son étonnement quand le colonel, ouvrant un large portefeuille, en tira un brevet de chevalier de la Légion-d'Honneur au nom de Jean Pecqueur.

En le remettant, l'officier supérieur sut trouver quelques-unes de ces bonnes et énergiques paroles qui vont toujours droit au cœur des soldats. C'était un homme qui avait gagné tous ses grades un à un à la pointe de l'épée, et il était toujours bienvenu à parler de bravoure, d'honneur et de loyauté, parce que dans l'armée entière on n'aurait pas pu citer un homme plus brave, plus honorable et plus loyal que lui. Jean Pecqueur, en recevant ce brevet et en écoutant son colonel, pleurait à chaudes larmes, — larmes douces, qui soulagent le cœur sans l'amollir et surtout sans jamais le faire souffrir.

Si le jeune sous-lieutenant n'avait point profité des derniers jours de son congé pour faire connaissance avec la vie arabe, il aurait appris bien plus vite la bonne fortune qui lui arrivait. Car tout le monde au régiment en était informé; seul le jeune officier l'ignorait encore.

C'est toujours une chose grave que la remise d'une décoration sur la poitrine d'un officier français. A plus forte raison, quand c'est l'étoile de l'Honneur qu'on attache ainsi.

Le fondateur de l'ordre a bien compris ce qu'il faisait quand il a voulu que ce mot, le plus sonore de tous ceux qui peuvent résonner à des oreilles françaises, fût attaché à la chevalerie nouvelle qu'il essayait de fonder sur les ruines amoncelées de l'ancien monde.

Ce jour-là, Napoléon Ier n'a pas été seulement un guerrier illustre, un empereur puissant, un homme prédestiné au commandement par ses hautes facultés, il s'est montré encore penseur profond et a forcé toutes les générations qui ont suivi à s'arrêter devant son œuvre grandiose, à méditer et à réfléchir avant de porter sur elle le jugement définitif de l'histoire.

La Légion-d'Honneur est la plus belle chose qu'aient inventée les temps modernes dans l'ordre moral. Nous ne connaissons rien qui puisse lui être comparé. Bien plus, quand on veut se donner la peine d'étudier et de rechercher l'origine première de tous ces hochets que les hommes portent à leur cou ou sur leurs habits, pour aucun on ne trouvera la splendeur qui présida à la création de la Légion-d'Honneur. Pour beaucoup même et des mieux prisés par les gourmets en fait de rubans et d'honneurs, tels que l'ordre de la *Toison d'Or*, de la *Jarretière* ou du *Bain*, on trouverait des causes tellement futiles, même, disons le mot, sans crainte de diffamer historiquement des princes qui ont vécu quelques siècles avant nous, — des causes tellement honteuses, qu'un honnête souverain de nos époques bourgeoises n'oserait pas les avouer. La France est la seule nation qui, tout en pardonnant les faiblesses humaines à ses princes, n'a jamais cherché à les sanctifier par des glorifications posthumes.

Mais revenons à nos héros.

Le lendemain, en présence du régiment assemblé et devant le drapeau qui portait lui-même les insignes conquis à Magenta, Jean Pecqueur fut reconnu et décoré officiellement. Personne ne jalousa cette récompense, parce que tout le monde aimait le jeune sous-lieutenant et tout le monde trouvait qu'il avait dignement et glorieusement conquis le bonheur qui lui arrivait. Quand le régiment regagna ses quartiers, Jean Pecqueur reçut donc de nombreuses félicitations parties de tous les rangs.

Mais aucune parole ne fut plus douce à l'oreille du jeune homme que celle d'un vieux zouave chevronné, qui marchait fièrement à son rang en homme rompu depuis longtemps à la discipline. Le bras en écharpe n'empêchait pas de distinguer sur sa poitrine le ruban rouge à côté de la médaille militaire, de la médaille de Crimée et de la croix de Sardaigne.

Nos lecteurs ont sans doute deviné que ce vieux soldat n'était autre que le père Zou-Zou.

XXXIX

A peine remis sur ses jambes, et à peu près en état de supporter la route, le vieux soldat n'avait pas voulu rester plus longtemps éloigné du pays de ses affections. Sans s'inquiéter du triomphe que Paris décernait à l'armée d'Italie, il avait demandé avec tant d'instance à rentrer en Afrique, qu'on avait fini par lui accorder sa feuille de route avec un congé de convalescence dont il ne profita que pour rentrer au corps.

Jean Pecqueur retrouvait dans son ancien camarade un ami véritable, juste au moment où il avait le plus besoin d'un cœur avec lequel il pût fraterniser. Dès qu'il fut libéré de son service, le jeune officier entraîna le vieux troupier dans son logement, et là ils s'embrassèrent avec effusion. Puis on parla de tous ceux qu'on aurait été heureux de serrer sur son cœur en un pareil jour.

On parla surtout de Ventiglia et des bonnes

heures qu'on avait passées entre deux batailles dans la maison hospitalière du jeune comte italien.

Au nom d'Albert de Basso-Campo, le vieux soldat hocha la tête avec mélancolie, et, comme aucune parole ne venait compléter et traduire ce mouvement, l'inquiétude s'empara de Jean Pecqueur, et il interrogea vivement le père Zou-Zou pour savoir ce qu'il avait voulu dire en gesticulant de cette sorte.

— Ne m'en parlez pas, dit alors celui-ci, je les ai laissés tristes comme le bonnet de nuit d'un pauvre homme. Ils passent leur temps à ruminer, non seulement comment ils conserveront les conquêtes qui les ont tous faits libres, mais encore comment ils pourront les agrandir. Tous les jours, chez Albert, j'entendais former des plans, et les principaux parmi les Italiens venaient les discuter. Un des plus acharnés était ce comte d'Arona, que tu te rappelles, sans doute. Celui-là ne rêve que Venise, et le nom de cette ville revient sans cesse dans sa conversation. Avec lui d'autres venaient qui parlaient de la Sicile, de Naples, des Calabres, de Rome même, où ils se plaignaient de voir s'éterniser nos soldats. Je n'entendais pas bien tout ce qu'ils disaient parce qu'ils parlaient en italien, et, les langues étrangères, ce n'est pas mon affaire. Enfin, tout cela a fini par m'ennuyer plus qu'il ne fallait, et, quoique je n'eusse qu'à me louer de tous les soins qu'on avait pour moi, j'ai préféré à tout cela revoir le régiment et les camarades. J'en avais assez de la vie de paresseux que je menais par là-bas. Maintenant, s'il faut que je te dise tout, je ne serais pas étonné, mais pas du tout étonné de voir notre ami Albert, le comte d'Arona et vingt autres que je pourrais te nommer, se jeter dans quelqu'entreprise folle, à la suite de leur grand homme, de leur héros, de leur Garibaldi. Il semble, quand ils ont dit ce nom-là, que tout est épuisé, terminé, fini, et qu'il n'y a plus pour eux tous qu'à tirer l'échelle. Ils n'en manquent pas cependant de grands hommes, avec leur instruction supérieure, et ils pourraient aisément en revendre aux autres nations du globe qui en manquent quelquefois.

Mais on dirait que celui-là les a ensorcelés avec je ne sais pas ce qu'il a dans sa barbe rouge. Il suffit qu'il leur marmotte ou leur fasse marmotter quatre ou cinq paroles à l'oreille pour qu'ils soient tous aussitôt comme des possédés, et alors ils ne rêvent plus que batailles et dans tous les coins de la maison on fourbit des armes. Il ne faudrait pas jurer qu'avant peu la poudre ne fît encore des siennes du côté de l'Italie. Alors personne ne peut plus répondre de rien. Que deviendront nos amis? Ce n'est pas moi qui le dirai. Leur héros Garibaldi peut les conduire partout où il voudra. Ils lui obéiront les yeux fermés et le suivront partout. Mais je ne jurerai pas qu'il les mènera toujours dans un bon chemin soit pour eux, soit pour la patrie qu'ils adorent.

Jean Pecqueur laissa passer tout ce flux de paroles du zouave sans l'interrompre et ne répondit rien. Toutes ces révélations lui brisaient le cœur, parce qu'il connaissait Albert de Basso-Campo comme on connaît un frère. Sans rien communiquer de ce qui se passait en lui, il lut avec assiduité les journaux pour ne point perdre de vue les nouveaux mouvements qui pouvaient éclater en Italie, et il attendit les nouvelles avec anxiété.

Il attendit longtemps et sa patience ne se lassait point. Plusieurs mois s'écoulèrent sans que rien de nouveau parut à l'horizon. Enfin il se fit comme un bruit sourd du côté de la Sicile qu'on disait en insurrection, et l'attention de Jean Pecqueur redoubla.

Un matin, au moment où il se disposait à sortir, on vint frapper à la porte de son logement.

Comme la plupart des jeunes officiers, Jean Pecqueur recevait peu de visites. A ce bruit inac-

***

coutumé, il se hâta d'aller ouvrir et se trouva en face d'un homme de grande taille, aux cheveux roux, aux allures gauches, dans lequel il eut toutes les peines du monde à reconnaître l'allemand Fritz, l'amoureux de Mlle Gretchen, avec lequel nous avons fait connaissance à l'époque de la bataille de Magenta. Fritz apportait au jeune sous-lieutenant une lettre d'Albert de Basso-Campo.

Le jeune italien, partant pour la Sicile comme engagé volontaire dans l'expédition dite des Mille, avait voulu se rappeler au souvenir de son ami. Il avait facilité à Fritz les moyens de passer en Algérie, où l'Allemand comptait se fixer comme colon et il le recommandait à Jean Pecqueur.

— Y a-t-il longtemps que vous avez quitté Albert et l'Italie? demanda le sous-lieutenant le cœur serré.

— Une quinzaine de jours.

— Où était-il?

— A Gênes.

— Pauvre bon garçon!

— Et il m'a chargé de vous remettre ceci.

Et Fritz tira de sa poche un petit paquet qu'il remit à Jean Pecqueur. En l'ouvrant, celui-ci trouva dans un riche écrin une étoile en diamants représentant la croix de la Légion-d'Honneur.

— Pauvre Albert! c'est lui qui aurait dû l'attacher sur ma poitrine!

Telle fut l'unique réflexion du jeune sous-lieutenant, puis il tomba dans une rêverie profonde. Il n'en sortit qu'en voyant Fritz toujours raide devant lui comme un soldat au port d'armes.

— Et Mlle Gretchen?

— Quand je suis rentré au village, elle était mariée.

XI.

A Marsala, en Sicile, une pierre tumulaire indique qu'Albert de Basso-Campo est tombé le premier sur cette plage pour la cause de l'unité italienne.

FIN.

CATALOGUE

LIBRAIRIE

ACHILLE FAURE

18, Rue Dauphine, 18

A PARIS

AOUT 1867.

NOUVELLE COLLECTION A 1 FR.

LA FRANCE TRAVESTIE, ou la Géographie apprise en riant.
ARNOULT (E. D'). La Guerre de Pologne.
— Les Brigands de Rome.
BARBARA (Ch.). Histoires émouvantes.
BILLAUDEL (E.). Histoire d'un Trésor.
— La Mare aux oies.
BLANC (C.). Jeanne de Valbelle.
BUSSY (C. de). Dictionnaire d'éducation.
CENDREY (C. de). Nathan-Todd.
— Bill Biddon.
CHALIÈRE (L.). Ingenio.
CLARETIE (J.). Les Ornières de la vie.
CORTAMBERT (R.). Un Japonais en France.
DAURIAC (P.). La Télégraphie électrique.
DIDEROT. Le Neveu de Rameau.
DUSOLIER (A.). Nos Gens de lettres.
GENOUILLAC (G. de). Comment on tue les femmes.
GRANGER (E.). Fables nouvelles.
GRAUX. Le Roman d'un zouave.
KOCK (Henry de). L'Amour bossu.
— **La Nouvelle Manon.**

KOCK (Henry de). Guide de l'Amoureux à Paris.
— Les Mémoires d'un Cabotin.
— Petites Chattes de ces Messieurs.
— La Voleuse d'amour.
— Les Accapareuses.
LACRETELLE (H. de). **Le Colonel Jean.**
LÉO (André). Jacques Galéron.
MARANCOUR (de). Rien ne va plus.
NOIR. (L.). Souvenirs d'un zouave : Montebello, etc. 1 v.
— Magenta. 1 vol.
— Solférino. 1 vol.
OLLIVIER (R.). Séduction.
PAUL (A.). **Les Finesses de** d'Argenson.
— Nicette.
— Thérésa.
— Un Anglais amoureux.
PAYA (C.). Les Cachots du Pape.
PIC (U.). Lettres gauloises.
POUPIN (V.). Un Mariage entre mille.
— Un Bal à l'Opéra.
RATTAZZI (Mme). Les Soirées d'Aix-les-Bains.
RÉAL (A.). Les Francs-Routiers.
— Les Tablettes d'un Forçat.
RÉVOIL (Bénédict-Henry). Un Cœur pour deux.
RIGAUDIÈRE (de la). Histoire des Persécutions religieuses.

COLLECTION A 3 FR. LE VOLUME

ANONYMES. Souvenirs intimes d'une Dame du Lac.
— A travers les portes.
— Mémoires d'une biche anglaise.
— Une autre biche anglaise.
— Mémoires d'une honnête fille.
— Mémoires d'une biche russe.
— Voyage à la lune.
AMEZEUIL (Cte D'). Les Amours de contrebande.
ASSOLLANT (A.). Mémoires de Gaston Phœbus.
AUDOUARD (Mme O.). Un Mari mystifié.
BARBEY D'AUREVILLY. Un Prêtre marié. 2 vol.
— Une Vieille Maîtresse.
BARNUM. Les Blagues de l'univers.
BELOT ET **E. DAUDET.** La Vénus de Gordes.
BLANQUET (R.). La Cuisinière des Ménages.
BOSQUET (E.). Une Femme bien élevée.
RÉHAT (DE). Un Mariage d'inclination.
— La Sorcière noire.
BRIDE (C.). L'Amateur photographe.
ROT (A.). La Cousine du roi.
ATHERINEAU. Le Paramaribo.
AUVIN (J.). Les Proscrits de 93.
HAMPFLEURY. Ma tante Péronne.
IMINO. Les Conjurés. 2 vol.
LARETIE (J.). Un Assassin.
— Voyages d'un Parisien.
OMETTANT. L'Amérique telle qu'elle est.
— Un Petit Rien tout neuf.
— En Vacances.
ASH (Ctesse). Le Chien qui sème des perles.
ELVAU. Le Grand et le Petit Trottoir.
— Du pont des Arts au pont de Kehl.
— Le Fumier d'Ennius.
— A la porte du Paradis.
EMMIN (A.). Une Vengeance par le mariage.
ESLYS (C.). Les Bottes vernies de Cendrillon.
UBOYS (JEAN). La Combes noire.
ENAULT (E.). Scènes dramatiques du mariage.
— L'Homme de minuit.

EYMA (X.). La Mansarde de Rose.
FÉVAL (P.). Les Mystères de Londres. 2 vol.
— L'Homme de fer.
GAGNEUR (L.-M.). Le Calvaire des femmes.
GONZALÈS. Les Sabotiers de la forêt Noire.
— Les Sept Baisers de Buckingham.
— Le Vengeur du mari.
GOUDAL (L.). L'Hermine de village.
GRAVILLON (A. DE). A propos de bottes. 1 vol. in-8.
HALT (R.). Une Cure du docteur Pontalais.
HEILLY (GEORGES D'). Les Morts royales.
HERZ (H.). Mes Voyages en Amérique.
HOCQUART (E.). La Tenue des livres pratique.
— Le Vétérinaire pratique.
JANIN (JULES). Circé.
JOLIET (C.). Le Médecin des dames.
— Le Roman de deux jeunes mariés.
— Une Reine de petite ville.
— Romans microscopiques.
KOCK (HENRY DE). Le Roman d'une femme pâle.
— Le Marchand de Curiosités.
LÉO (ANDRÉ). Un Mariage scandaleux.
— Les Deux Filles de M. Plichon.
LÉO LESPÈS (TIMOTHÉE TRIMM). Avant de souffler sa bougie.
— Spectacles vus de ma fenêtre.
LEROY BEAULIEU. Une Troupe de Comédiens.
LESCURE (M. DE). Les Amours de François Ier.
— Lord Byron.
MARANCOUR (DE). Confessions d'un commis voyageur.
MARX (ADRIEN). Romans du wagon.
— Indiscrétions parisiennes.
MÉRAT (ALBERT). Les Chimères.
MIE D'AGHONNE. Le Mariage d'Annette.
MOLÉRI. L'Amour et la Musique.
— La Terre promise.
MONOT. De l'Industrie des Nourrices. In-8°.
MONSELET (CH.). De Montmartre à Séville.
— Portraits après décès.
MONTEMERLI (Ctesse). Entre deux Femmes.
NOIRIT (J.). Haydée.
PÉRIER (C.). La Grève des amoureux.

PONSON DU TERRAIL. Le Trompette de la Bérésina.
POUPIN (V.). Un Chevalier d'amour.
POURRAT. Vercingétorix.
PRUDHOMME SULLY. Stances et poëmes.
RAMBAUD (Y.). Les Théâtres en robe de chambre.
— Une Parvenue.
RAZOUA. Souvenirs d'un spahis.
REYNOLDS. Les Mystères de la cour de Londres.
— 2e partie. Fernanda.
— 3e partie. La Comtesse de Desborough.
— 4e partie. La Belle Octavie.
ROSSIGNOL (L.). Lettres d'un mauvais jeune homme à sa Nini.
ROUSSELON. Le Jardinier pratique.
SAUVESTRE (CH.). Les Congrégations religieuses.
SCHOLL (A.). Les Cris de paon.
SÉGALAS (Mme A.). Les Mystères de la maison.
STAPLEAUX. Le Roman d'un fils.
— Le Château de la rage.
THÉNESOL (A.). Didier.
THOUZERY (P.). La Femme au XIXe siècle.
TOUROUDE (A.). Messieurs les Cerfs.
VALLÈS (J.). Les Réfractaires.
— La Rue.
— Les Aventuriers de la Seine.
VERNEUIL (DE). Les Petits Péchés d'une grande dame.
VIAL (A.-A.). Aventures du Nouveau Monde.
VIGNEAU. Une Fortune littéraire.
WAILLY (J. DE). La Vierge folle.
— Mémoires d'un homme à bonnes fortunes.
ZACCONE (P.). Histoire anecdotique de la poste.
ZOLA (ÉMILE). Mes Haines.
— Le Vœu d'une morte.

DERNIÈRES PUBLICATIONS

Henau (F.). Les amours d'un athée.
Gagneur (M. L.) Les Réprouvées.
Joliet (C.). Les Pseudonymes du jour.
Chenot (L.). Gabrielle de Saint-Ferjeux.
Dusolier (A.). Propos littéraires.

Heilly (G. D') Cotillon III.
Poulet (A). Les premières rimes.
Sorr (A. de) Les grands jours de Monsieur Baudry.
Léo Lespès. Promenades dans Paris.
G. Claudin. Paris.

VOLUMES A PRIX DIVERS

LEFEUVE. Les Anciennes Maisons de Paris. 5 vol.	25 »
HENRIET (F.). Le Paysagiste aux champs. In-8°, 12 eaux-fortes.	6 »
POUCEL (B.). Les Otages de Durazno. In-8.	6 »
LOTHIAN (Mᵐᵉ DE). La Question américaine. In-8.	6 »
ROSTAND (E.). La Seconde page.	5 »
— Ébauches.	4 »
COMETTANT (O.). Le Danemark tel qu'il est.	4 »
LESCURE (M. DE). Les Amours de Henri IV.	4 »
BUSSY (C. DE). Dictionnaire de l'art dramatique.	4 »
NADAUD (G.). Chansons.	4 »
GAGNEUR (L.-M.). La Croisade noire	3 50
GRANDET. Donaniel.	3 50
FEUTRÉ (A.). Passe-port d'un inconnu.	3 50
— Une Voix inconnue.	2 50
MARGRY. Belin d'Esnambuc.	2 50
La Saison musicale.	2 »
MAROTEAU. Les Flocons. Poésies.	2 »
LANNEMAS (CH. DE). L'Idole de sable.	2 »
POUPILLIER. Une Ode de Sapho.	2 »
ANDRÉ LÉO. Une Vieille Fille.	2 »
MORNAND (F.). Garibaldi.	2 »
ASTRIÉ. Les Cimetières de Paris.	2 »
Les Songes dévoilés par le spiritisme.	2 »
FROMENT (RUSTIQUE). Meyerbeer et Thérésa.	2 »
DELVAU. Françoise. In-32.	1 50
MARESCHAL. Le Coffret de Bibliane. In-32	1 50
MALO. Femmes et Fleurs. In-32.	1 50
L'Art d'accommoder les restes.	1 25
La Cuisine pour tous.	1 25
L'Empereur à l'Institut. Brochure.	1 »

Le Rhin. Brochure in-8°.	1 »
Dieu pour tous. Brochure.	1 »
ANDRÉ LÉO. Observations d'une Mère de famille à M. Duruy.	1 »
POUCEL (B.). Mes Itinéraires au Rio de la Plata.	1 »
WALLACE (S. Jones). Jefferson Davis.	1 »
ORDINAIRE (Raoul). Marius et les Teutons . .	1 »
GRAVILLON (A. de). Sur une pointe d'aiguille. 1 vol. in-8.	1 »
— De l'Oisiveté incomprise. Brochure.	1 »
COMETTANT (Oscar). Le Naufrage de l'*Evening Star*.	1 »
Les Inondations (Causes et Remèdes). Brochure. .	1 »
DEBANS (Camille). Sous clef.	1 »
EMMANUEL. De la Madeleine à la Bastille. Pièce en 1 acte.	1 »
BERGERAT. Une Amie. Pièce en 1 acte.	1 »
WAILLY (J. de). La Voisine. Pièce en 1 acte. . .	1 »
LECOMTE. Virginie Déjazet	1 »
— Frédérick Lemaître	1 »
— Bouffé	1 »
CHARLES (V.). La Béguine de Bruges. In-32. . .	1 »
LARCHER. Un dernier mot sur les femmes. . . .	75

Sous presse :

PONSON DU TERRAIL. Les Ecoliers de Paris. 2 vol. à 3 fr.

A. BELOT. Les Mémoires d'un caissier. 2 vol. à 3 fr.

B. H. REVOIL. Vive la chasse. 1 vol. à 3 fr.

G. BELL. La croix d'honneur. 1 vol. à 3 fr.

L. NOIR. Campagne du Mexique. 2 vol. à 4 fr.

ANTONY REAL. Ce que l'on trouve dans une bouteille de vin. 1 vol. à 3 fr.

ARTHUR DE GRAVILLON. La malice des choses. 1 vol. in-8 avec 100 dessins, par Bertall. 1 vol. 5 fr.

L'ART D'ACCOMMODER LES RESTES
LIVRE DE CUISINE
à l'usage des petites fortunes

Un joli vol. cartonné, 1 fr. 25.

LA CUISINE POUR TOUS
PAR L'AUTEUR
de
L'ART D'ACCOMMODER LES RESTES

Un joli volume cartonné, 1 fr. 25

L'ART D'ÊTRE POLI ET AIMABLE
AVEC TOUT LE MONDE

Un joli vol. in-18 brochure élégante. — Prix : 1 fr. 25.

GUIDE MANUEL DU SERRURIER

Un vol. in-8, avec 332 figures. — Prix : 5 fr.

NOUVELLES BIOGRAPHIES
PAR EUGÈNE DE MIRECOURT

Prix de chaque Biographie, 1 vol. in-18 avec Portrait, 50 cent.
Chaque volume *franco* par la poste, 60 cent.

Biographies parues ou sur le point de paraître

F. FAVRE	PÈRE FÉLIX
V. HUGO	CHATEAUBRIAND
BERRYER	BALZAC
DE VILLEMESSANT	ODILON BARROT
DUMAS PÈRE	TIMOTHÉE TRIMM
J. JANIN	PAUL LACROIX (BIBL. JACOB)
ROSA BONHEUR	GARIBALDI
ED. ABOUT	GUSTAVE DORÉ
AUBER ET OFFENBACH	CHANGARNIER

Ne Venez pas à l'Exposition
SANS LES GUIDES-CONTY

| PARIS EN POCHE | PARIS POPULAIRE |

Paris en Poche, 4 fr. | Paris Populaire, 2 fr. 50

PARIS INSTANTANÉ
(prix : 2 50) **PLAN A AIGUILLE** (prix : 2 50)

Grâce à cette nouvelle combinaison, les recherches sont aussi instantanées que la parole, et l'on peut pointer 15 rues à la minute.

ITINÉRAIRES PRATIQUES & CIRCULAIRES

GUIDES CIRCULAIRES CONTY

PUBLIÉS

SOUS LE PATRONAGE DES COMPAGNIES DE CHEMINS DE FER

par

Achille **FAURE**, 18, rue Dauphine

EXTRAIT DE LA COLLECTION

Paris en poche	4 »	**Belgique et Hollande**	2 50
Les Plaisirs de Paris	4 »	**Quinze jours sur les bords du Rhin**	2 50
Paris populaire	2 50	**Belgique en poche**	2 50
Les bords du Rhin en poche	5 »	**L'Oberland bernois**	2 50
Londres en poche	4 »	**Suisse et grand-duché de Bade**	2 50
Bruxelles en poche	2 »	**La Suisse française**	2 50
Les côtes de Normandie	2 50	**Alsace et Vosges**	2 50

Les GUIDES CONTY, essentiellement pratiques, sont les seuls qui correspondent à l'itinéraire tracé par les billets circulaires. Clairs et précis, ils résument tout, malgré leur prix minime de 2 fr. 50 c.

IMPOSSIBLE AVEC CES GUIDES D'ÊTRE EMBARRASSÉ

PARIS EN POCHE

GUIDE PRATIQUE ET ILLUSTRÉ

H. A. de Conty

Nouvelle édition avec carte instantanée

PRIX : 4 FR.

PARIS POPULAIRE

A B C de l'étranger

GUIDE SPÉCIAL POUR L'EXPOSITION UNIVERSELLE

H. A. de Conty

PRIX : 2 FR. 50 C.

PLAN DE PARIS

Magnifique plan FURNE

MIS AU COURANT DE TOUS LES DERNIERS CHANGEMENTS

Une feuille grand aigle. Prix : 2 fr. 50
Cartonné et plié, 3 fr. — Cartonné et collé sur toile, 5 fr.

PARIS INSTANTANÉ

Plan à aiguille

SPÉCIALEMENT RECOMMANDÉ AUX ÉTRANGERS

PRIX : 2 FR. 50

PLAN DE LONDRES

PLAN INSTANTANÉ

UNE FEUILLE RAISIN. — PRIX, CARTONNÉ : 2 FR. 50.

CARTE TOPOGRAPHIQUE
DES ENVIRONS DE PARIS

INDIQUANT

LES CORRESPONDANCES DES CHEMINS DE FER

Une feuille raisin. — Prix, cartonné : 2 fr. 50

PLAN TOPOGRAPHIQUE
DU BOIS DE BOULOGNE

Une feuille raisin. — Prix, cartonné : 1 fr. 50

Tous les *Guides* et *Plans* indiqués sur le présent prospectus **sont** adressés franco contre l'envoi du prix en timbres-poste.

OPINION DE LA PRESSE
sur
LES GUIDES CONTY

Si vous avez l'heureuse idée de profiter d'un des trains économiques organisés par les chemins de fer, je vous recommanderai de tout petits volumes, modestes comme leur auteur et signés : *Conty*. Ce sont des Guides comme on n'en a pas encore fait.

La collection de M. Joanne, publiée chez MM. Hachette, est surtout l'œuvre d'un érudit et d'un lettré. Celui qui voyage avec M. Joanne en poche se donne le plus instructif et le plus amusant des compagnons. M. de Conty, sans négliger positivement l'histoire et la géographie, se préoccupe, avant tout, des intérêts des voyageurs. Il ne renonce pas à devenir votre professeur et votre ami ; mais il est d'abord votre intendant. Il vous dit : « Quand vous arriverez dans telle ville, prenez telle voiture, qui vous coûtera tant : j'ai fait prix avec le voiturier et débattu votre transport à l'avance. Faites-vous conduire à tel hôtel, et présentez-vous de ma part : j'ai traité de votre logement et de tous vos repas ; payez le tarif de mon livre, et si vous n'êtes pas content de l'aubergiste, adressez-moi vos réclamations. » L'idée est très-ingénieuse, et je crois que les petites bourses, qui sont partout en majorité, béniront M. de Conty. Partout où l'on arrive avec lui, on est recommandé, soutenu, protégé, comme si l'on avait un ami dans la ville.

EDMOND ABOUT.

(*Petit Journal*, 29 mai 1866.)

M. de Conty a merveilleusement compris comment on voyage aujourd'hui. Ses Guides sont des résumés admirables de tout ce qu'on a à voir dans les excursions qu'on fait chaque année. Ils disent au voyageur ce qui mérite son attention ici, ce qui doit le solliciter là ; ils l'accompagnent partout, en lui signalant le bien et le mal, l'écueil et le port ; ils lui désignent l'hôtel bien tenu, et, par son silence même, celui qu'il doit fuir. Et nulle concession, nulle indulgence, nulle faiblesse ! On peut au hasard donner au cocher une des adresses qui sont dans les Guides de M. de Conty : on sera reçu avec les égards dus à un homme aussi vigilant que M. de Conty. Car je dois faire connaître un détail qui ne manque pas de piquant : dans tous les Guides, il y a une petite poche, et, dans cette petite poche, un petit cahier rose, portant l'adresse de M. de Conty, à Paris. Sur ce cahier rose on écrit ses impressions, et vous concevez alors ce qui attend le malheureux hôtelier dont le voyageur se plaint. M. de Conty le raye de ses papiers.

Il était bon que quelqu'un se chargeât de cette besogne. Les voyageurs étaient véritablement par trop victimes du désir de faire fortune qu'ont les hommes dans tous les pays du monde. Il faut savoir gré à M. de Conty d'avoir mis ordre à cet état de choses et l'encourager. Les Guides de M. de Conty sont publiés par l'éditeur Achille Faure, 18, rue Dauphine. Je donne, en terminant, la liste de ceux qui déjà ont paru ; ce sont : *Paris en poche, Londres en poche, Bruxelles en poche, la Belgique en poche, Belgique et Hollande, la Suisse et le grand-duché de Bade, l'Oberland bernois, Quinze jours sur les bords du Rhin*, etc.

(*Constitutionnel*, 23 juillet 1866.)

NE VOYAGEZ PAS
SANS LES
GUIDES CONTY

Sois bien sage!!! et surtout n'oublie pas la recommandation
NE VOYAGEZ PAS SANS LES GUIDES CONTY

EXTRAIT

DU CATALOGUE DE LA LIBRAIRIE ACHILLE FAURE

18, rue Dauphine

ANONYMES.

L'Empereur à l'Institut. Une Brochure in-8..	1 »
Dieu pour tous. Une brochure in-8.	1 »
Le Rhin. Brochure in-8	1 »
Les Inondations (causes et remèdes). Brochure in-8.	1 »
Plan de Paris (magnifique plan Furne), mis au courant de tous les derniers changements.	
Cartonné et plié.	3 »
Cartonné et collé sur toile.	5 »
Paris instantané. PLAN A AIGUILLE. Cartonné et plié.	2 50
Cartonné et collé sur toile.	4 50
Les Songes dévoilés par le spiritisme.	2 »
La France travestie ou la Géographie apprise en riant. 1 joli volume in-18, orné d'un frontispice illustré.	1 »
A travers les portes. 1 vol.	3 »
Mémoires d'une biche anglaise. 1 charmant volume.	3 »
Une autre biche anglaise. Suite du volume précédent.	3 »
Mémoires d'une honnête fille, avec le portrait de l'auteur, gravé sur acier, par Staal. 1 vol	3 »
Voyage à la lune. 1 vol., avec une gravure.	3 »
Souvenirs intimes d'une dame du lac. 1 vol.	3 »
Mémoires d'une biche russe. 1 vol.	3 »
La Saison musicale. 1 vol.	2 »
L'Art d'accommoder les restes. 1 vol. cartonné.	1 25
La Cuisine pour tous. 1 vol. cartonné.	1 25

AMEZEUIL (Cte D').

Les Amours de contrebande. 1 vol.	3 »

ARNOULT (EUGÈNE D').

La guerre de Pologne en 1863. 1 vol. in-18 jésus.	1 »
Les Brigands de Rome. 1 vol.	1 »

ASSOLANT (A.).
Mémoires de Gaston Phœbus. 1 vol. .... 3 »

ASTRIÉ.
Les Cimetières de Paris, guide topographique et artististique. 1 vol. orné de trois plans. .... 2 »

AUDOUARD (Mme O.).
Un Mari mystifié. 1 vol. .... 3 »

BARBARA (CH.).
Histoires émouvantes. 1 vol. .... 1 »

BARBEY D'AUREVILLY.
Un Prêtre marié. 2 vol. .... 6 »
Une Vieille Maîtresse. 1 vol. .... 3 »

BARNUM.
Les Blagues de l'univers. 1 vol. .... 3 »

BELOT ET E. DAUDET.
La Vénus de Gordes. 1 vol. .... 3 »

BERGERAT (ÉMILE).
Une amie, comédie en 1 acte en vers, représentée au Théâtre Français.. .... 1 »

BILLAUDEL (E.).
Histoire d'un trésor. 1 vol. .... 1 »
La Mare aux oies. 1 vol. .... 1 »

BLANC (CASIMIR).
Jeanne de Valbelle. 1 vol. .... 1 »

BLANQUET (ROSALIE).
La Cuisinière des ménages. 1 beau vol. cartonné. . 3 »

BONHOURE.
Méthode de lecture. 1 vol. cart. 50
Premières lectures courantes. 1 vol. cart. 70
Premières lectures instructives. 1 vol. cart. 90

BOSQUET (E.).
Une Femme bien élevée. 1 vol. .... 3 »

BRÉHAT (DE).

Un Mariage d'inclination. 1 vol. . . . . 3 »
La Sorcière noire. 1 vol. . . . . 3 »

BRIDE (CHARLES).

L'Amateur photographe, *Guide usuel de photographie,* à l'usage des gens du monde, orné de nombreuses vignettes et suivi d'un abrégé de chimie photographique. . . . . . 3 »

BROT (A.).

La Cousine du roi. 1 vol. . . . . 3 »

BUSSY (DE).

Dictionnaire de l'art dramatique. 1 vol. . . . . . 4 »
Dictionnaire d'éducation. 1 vol. . . . . 1 »

CATHERINEAU.

Le Paramaribo. 1 vol. . . . . 3 »

CAUVIN (J.).

Les Proscrits de 93. 1 vol. . . . . 3 »

CENDREY (C. DE).

Bill-Biddon. 1 vol. . . . . 1 »
Nathan-Todd. 1 vol. . . . . 1 »

CHALIÈRE (LOUIS).

Ingenio. 1 vol. in-18. . . . . 1 »

CHAMPFLEURY.

Ma tante Péronne. 1 vol. . . . . 3 »

CHARLES (VICTOR).

La Béguine de Bruges. 1 vol. in-32. . . . . 1 »

CIMINO.

Les Conjurés, roman traduit de l'italien par Chenot. 2 vol. 6 »

CLARETIE (JULES).

Les Ornières de la vie. 1 vol., orné de deux vignettes. 1 »
Un Assassin. 1 vol. . . . . 3 »
Voyages d'un Parisien. 1 vol. . . . . 3 »

COMETTANT (OSCAR).

En Vacances. 1 vol., orné de deux vignettes. . . . . . 3 »

COMETTANT (Oscar). (Suite.)

L'Amérique telle qu'elle est. 1 vol. . . . . 3 »
Le Danemark tel qu'il est. 1 vol. . . . . 4 »
Un Petit Rien tout neuf. 1 vol. in-18 jésus . . . . 3 »
Le Naufrage de l'Evening Star. Brochure in-8. . . . 1 »

CONTY (DE).

Paris en poche. Guide pratique, illustré de nombreuses gravures. Un vol. élégamment cartonné. . . . . 4 »
Paris populaire 2 50
Londres en poche. Guide pratique du voyageur à Londres. 1 vol. élégamment cartonné. . . . . 4 »
Plan de Londres. Guide indicateur instantané. . . , . . 2 50
Les bords du Rhin en poche. Guide pratique et illustré. 1 vol. élégamment cartonné. . . . . 5 »
Guides pratiques des voyages circulaires, rédigés sous les auspices des Compagnies.

Bruxelles.	2 »	La Suisse et le grand-duché de Bade.	2 50
Belgique et Hollande. . .	2 50	Suisse française. . . .	2 50
Belgique.	2 50	Alsace et Vosges. . . .	2 50
Bords du Rhin. . . .	2 50	Les Côtes de Normandie.	2 50
L'Oberland Bernois. . .	2 50		

CORTAMBERT (Richard).

Impressions d'un Japonais en France. 1 vol. . . . 1 »

DASH (Ctesse).

Le Chien qui sème des perles. . . . . 3 »

DAURIAC.

La Télégraphie électrique. 1 vol. . . . . 1 »

DEBANS (Camille).

Sous Clef. 1 vol. . . . . 1 »

DELVAU.

Françoise. 1 vol. in-32, avec une eau-forte de Thérond. 1 50
Le Fumier d'Ennius. 1 vol. in 18, avec une eau-forte. 3 »
Le Grand et le Petit Trottoir. 1 vol. . . . . 3 »
Du pont des Arts au pont de Kehl. 1 vol. . . . . . 3 »
A la porte du Paradis. 1 vol. . . . . 3 »
Les Plaisirs de Paris. 1 vol. élégamment cartonné. . . 4 »

DEMMIN (A.).
Une Vengeance par le mariage. 1 vol. 3

DESLYS (Charles).
Les Bottes vernies de Cendrillon. 1 vol. . . . . 3 »

DIDEROT.
Le Neveu de Rameau. 1 vol. . . . . 1 »

DUBOYS (Jean).
La Combes noire. 1 vol. . . . . 3 »

DUSOLIER (Alcide).
Nos Gens de lettres, *critiques et portraits littéraires*. 1 vol. 1 »

EMMANUEL.
De la Madeleine à la Bastille, vaudeville en un acte . 1 »

ÉNAULT (Étienne).
Scènes dramatiques du mariage. 1 vol. in-18 jésus. 3 »
L'Homme de minuit. 1 vol. . . . . 3 »

EYMA (X.).
La Mansarde de Rose. 1 vol. . . . . 3 »

FEUTRÉ (Angély).
Une Voix inconnue. 1 vol. 2 50
Passe-port d'un inconnu. 1 vol. 3 50

FÉVAL (P.).
Les Mystères de Londres. 2 vol. . . . . 6 »
L'Homme de fer. 1 vol. . . . . 3 »

FROMENT (Rustique).
Meyerbeer et Thérésa. 1 vol. . . . . 2 »

GAGNEUR (L.-M).
La Croisade noire. 1 fort vol. in-18 jésus. 3 50
Le Calvaire des Femmes. 1 vol. . . . . 3 »

GONZALÈS (Emmanuel).
Les Sabotiers de la forêt Noire. 1 vol. . . . . 3 »
Les Sept Baisers de Buckingham. 1 vol. in-18. . . 3 »
Le Vengeur du mari. 1 vol. . . . . 3 »

GOUDAL (L.).
L'Hermine de village. 1 vol. . . . . 3 »

GOURDON DE GENOUILLAC.
Comment on tue les femmes. 1 vol. in-18 jésus. . . . 1 »

GRANDET.
Donaniel. 1 vol. avec eau-forte de Flameng. 3 50

GRANGER (Ed.).
Fables nouvelles. 1 vol. in-18 jésus. . . . . 1 »

GRAUX.
Le roman d'un zouave. 1 vol. . . . . 1 »

GRAVILLON (Arthur de).
A propos de bottes. 1 vol. in-8, avec 86 vignettes. . . 3 »
J'aime les morts. 1 vol. imprimé par Perrin, de Lyon. . 6 »
Sur une pointe d'aiguille. 1 vol. in-8. . . . . 1 »
De l'Oisiveté incomprise. Brochure in-8. . . . . 1 »

HALT (Robert).
Une Cure du docteur Pontalais. 1 vol. . . . . 3 »

HEILLY (Georges d').
Les Morts royales. 1 vol. . . . . 3 »

HENRIET (F.)
Le Paysagiste aux champs. 1 vol. in-8, illustré de 12
eaux-fortes. . . . . 6 »
Il a été tiré 20 exemplaires numérotés sur papier de Hollande,
épreuves avant la lettre. Prix. . . . . 20 »

HERZ (H.).
Mes Voyages en Amérique. 1 vol. . . . . 3 »

HOCQUART.
Le Vétérinaire pratique. 1 vol. . . . . 3 »
La Tenue des livres pratique. 1 fort vol. in-12. . . . 3 1

JANIN (Jules).
Circé. 1 volume imprimé avec luxe et orné d'une charmante
eau-forte. . . . . 3 »

JOLIET (C.).
Le Médecin des dames. 1 vol. . . . . 3 »

Le Roman de deux jeunes mariés. 1 vol. . . . . . 3 »
Une Reine de petite ville. 1 vol. . . . . 3 »
Romans microscopiques. 1 vol. . . . . 3 »
Les Athéniennes. 1 vol. de poésies. . . . . 3 »

KOCK (HENRY DE).

Les Mémoires d'un Cabotin. 1 vol., avec 3 gravures. . 1 »
La Voleuse d'amour. 1 vol., avec 5 gravures. . . . . . 1 »
Les Accapareuses. 1 vol., avec 2 gravures. . . . . . . 1 »
La Nouvelle Manon. 1 vol., avec une eau-forte. . . . . 1 »
Guide de l'Amoureux à Paris. 1 vol., avec une vignette. 1 »
Le Roman d'une Femme pâle. 1 vol. avec une eau-forte. 3 »
Les Petites Chattes de ces Messieurs. 1 vol. in-18. 1 »
L'Amour bossu. (Nouvelle édition) . . . . 1 »
Le Marchand de Curiosités. 1 vol. . . . . 3 »

LACRETELLE (H. DE).

Le colonel Jean. 1 vol. . . . . 1 »

LANNEMAS (CH. DE).

L'Idole de sable. 1 vol. . . . . 2 »

LARCHER.

Un Dernier mot sur les femmes. 1 vol. in-32 jésus. . 75

LECOMTE (HENRY).

Biographies. Virginie Déjazet. . . . . 1 »
    —   Frédérick Lemaître. . . . . 1 »
    —   Bouffé. . . . . 1 »

LEFEUVE.

Les anciennes Maisons de Paris sous Napoléon III,
   cinq beaux vol. suivis d'une table de concordance. . . . . 25 »

LÉO (ANDRÉ).

Un Mariage scandaleux. 1 vol. . . . . 3 »
Une vieille Fille. 1 vol. in-18 jésus, avec une vignette. 2 »
Les deux Filles de M. Plichon. 1 vol. . . . . 3 »
Jacques Galéron. 1 vol. . . . . 1 »
Observations d'une mère de famille à M. Duruy. 1 »

LÉO LESPÈS (THIMOTHÉE TRIMM).

Avant de souffler sa bougie. 1 vol. in-18 jésus. . . . 3 »
Spectacles vus de ma fenêtre. 1 vol. . . . . 3 »

LEROY-BEAULIEU.

Une troupe de comédiens. 1 vol. . . . . 3 »

LESCURE (M. DE).

Les Amours de Henri IV. 1 fort vol. in-18 jésus, orné
de quatre beaux portraits historiques . . . . 4 »

<small>Il a été tiré de ce livre cent exemplaires numérotés. Il reste à vendre seulement quelques exemplaires sur vélin, à 8 fr.</small>

Les Amours de François Ier. 1 vol. avec une eau-forte. 3 »

<small>Il a été tiré de ce livre dix exemplaires numérotés (1 à 10) sur chine, à 20 fr.; dix (11 à 20) sur papier de Hollande, à 18 fr.; quarante (21 à 60) sur beau jésus vélin à 6 fr.</small>

Lord Byron. 1 vol., avec portrait. . . . . 3 »

LOTHIAN (MARQUIS DE).

La Question américaine. 1 vol. in-8. . . . . 6 »

MALO (CH.).

Femmes et Fleurs, *petites photographies badines.* 1 joli vol. 1 50

MARANCOUR (DE).

Rien ne va plus. La Rouge et la Noire. 1 vol in-18 1 »
Confessions d'un commis-voyageur. . . . . 3 »

MARCHEF GIRARD (Mlle).

**Des Facultés humaines et de leur développement
par l'éducation.** 1 vol. in-8. . . . . 7 50

MARESCHAL.

Le Coffret de Bibliane. 1 vol. des Nouvelles. 1 50

MARGRY.

Belin d'Esnambuc et les Normands aux Antilles.
1 vol. in-8. . . . . 2 50

MAROTEAU (GUSTAVE).

Les Flocons. 1 vol. de poésies. . . . . 2 »

MARX (ADRIEN).

Les Romans du wagon. 1 vol. . . . . 3 »
Indiscrétions parisiennes. 1 vol. . . . . 3 »

MÉRAT (ALBERT).

Les Chimères. 1 vol. . . . . 3 »

MIE D'AGHONNE.

Le Mariage d'Annette. 1 vol. . . . . 3 »

MINORET (EUGÈNE).

L'Oraison dominicale. 1 vol. in-32 jésus, imprimé avec
luxe par Perrin, de Lyon. . . . . 4 »

MOLÉRI.

La Terre promise. 1 vol. . . . . 3 »
L'Amour et la Musique. 1 vol. . . . . 3 »

MOLIÈRE.

Nouvelle édition imprimée par Perrin, de Lyon, avec une eau-forte en tête de chaque acte. 6 vol. Chaque. . . . . 20 »

MONOT.

De l'Industrie des Nourrices et de la mortalité des petits enfants. 1 vol. in-8. . . . . 3 »

MONSELET (Ch.).

De Montmartre à Séville. 1 vol. . . . . 3 »
Portraits après décès. 1 vol. . . . . 3 »

MONTEMERLI (Ctesse Marie).

Entre deux Femmes. 1 vol. in-18 jésus. . . . . 3 »

MORNAND (F.)

Garibaldi. 1 vol. . . . . 2 »

NADAUD (G.).

Chansons ; nouvelle édition contenant toutes les nouvelles chansons. 1 vol. in-18 jésus. . . . . 4 »

NEUKOMM (Edmond).

Histoire du Freischütz. 1 vol. . . . . 1 »

NOIR (L.)

Souvenirs d'un Zouave :
    Montébello, etc. 1 vol. . . . . 1 »
    Magenta. 1 vol. . . . . 1 »
    Solférino. 1 vol. . . . . 1 »

NOIRIT (Jules).

Haydée. 1 vol. . . . . 3 »

OLLIVIER (Raoul).

Séduction. 1 vol. in-18 jésus. . . . . 1 »

ORDINAIRE (Raoul).

Marius et les Teutons. 1 vol. . . . . 1 »

PAUL (Adrien).

Les Finesses de d'Argenson. 1 vol. in-18 jésus. . . 1 »
Nicette. 1 vol. 1
Thérèse. 1 vol. . . . . 1 »
Un Anglais amoureux. 1 vol. . . . . 1 »

PAYA (Ch.).
Les Cachots du Pape, 2ᵉ édit. 1 vol. in-18 jésus. . . . . 1 »
PÉRIER (C.).
La Grève des amoureux. 1 vol. . . . . 3 »
PONSON DU TERRAIL.
Le Trompette de la Bérésina. 1 vol. . . . . 3 »
PIC (Ulysse).
Lettres gauloises. 1 vol. in-18 jésus. . . . . 1 »
POUCEL (Benjamin).
Les Otages de Durazno, souvenirs du Rio de la Plata. In-8 6 »
Mes Itinéraires au Rio de la Plata. Une brochure in-8. 1 »
POUPILLIER (C.).
Une Ode de Sapho. In-8. . . . . 2 »
POUPIN (Victor).
Un Chevalier d'amour. 1 vol. in-18 jésus. . . . . . . 3 »
Un Mariage entre mille. . . . . 1 »
Un Bal à l'Opéra. 1 vol. . . . . 1 »
POURRAT.
Vercingétorix. Étude dramatique en prose et en vers. 1 vol. 3 »
PRUDHOMME SULLY.
Stances et poëmes. 1 vol. de poésies. . . . . 3 »
Les Épreuves. 1 vol. de poésies. . . . . 3 »
RAMBAUD (Y.).
Les Théâtres en robe de chambre. 1 vol. . . . . . . 3 »
Une Parvenue. 1 vol. . . . . 3 »
RATTAZZI (Mᵐᵉ, née de Solms).
Les Soirées d'Aix-les-Bains. 1 vol. . . . . 1 »
RAZOUA.
Souvenirs d'un spahis. 1 vol. . . . . 3 »
RÉAL (Antony).
Les Francs-Routiers. 1 vol. . . . . 1 »
Les Tablettes d'un forçat. 1 vol. . . . . 1 »
RÉVOIL (Bénédict-Henry).
Cœur pour deux. 1 vol. . . . . 1 »

REYNOLDS.

Les Mystères de la cour de Londres. 1 vol. . . . . 3 »
   2ᵉ partie : Fernanda. 1 vol. . . . . 3 »
   3ᵉ partie : La Comtesse de Desborough. 1 vol. . . . . . . 3 »
   4ᵉ partie : La belle Octavie. 1 vol. . . . . 3 »

RIGAUDIÈRE (DE LA).

Histoire des persécutions religieuses. 1 vol. . . . 1 »

ROSSIGNOL (L.).

Lettre d'un mauvais jeune homme à sa Nini. 1 vol. 3 »

ROSTAND (E.)

La seconde page. 1 vol. in-8. . . . . 5 »
Ébauches. . . . . 4 »
   Ces deux volumes sont imprimés avec grand luxe par Perrin, de Lyon.

ROUSSELON.

Le Jardinier pratique. 1 vol. . . . . 3 »

SAUVESTRE (Ch.)

Les Congrégations religieuses. 1 vol. . . . . 3 »

SCHOLL (A.).

Les Cris de paon. 1 vol. . . . . 3 »

SÉGALAS (Mᵐᵉ A).

Les Mystères de la maison. 1 vol. . . . . 3 »

STAPLEAUX.

Le Roman d'un fils. 1 vol. . . . . 3 »
Le Château de la rage. 1 vol. . . . . 3 »

THÉNESOL (A.).

Didier. 1 vol. . . . . 3 »

THOUZERY (P.).

La Femme au XIXᵉ siècle. 1 vol. . . . . 3 »

TOUROUDE (A.).

Messieurs les Cerfs. 1 vol. . . . . 3 »

VALLÈS (J.).

Les Réfractaires. 1 vol. . . . . 3 »
La Rue. 1 vol. . . . . 3 »
Les Aventuriers de la Seine. 1 vol. . . . . 3 »

VERNEUIL (DE).
Les Petits Péchés d'une grande dame. 1 vol. . . . . 3 »
VIAL (A. A.).
Aventures du Nouveau Monde. 1 vol. . . . . 3 »
VIGNEAU.
Une Fortune littéraire. 1 vol. . . . . 3 »
WALLACE (S.-JONES).
Jefferson Davis. Broch. in-8 . . . . 1 »
WAILLY (J. DE).
La Vierge folle. 1 vol. . . . . 3 »
Memoires d'un homme à bonnes fortunes. 1 vol. 3 »
La Voisine. Pièce en 1 acte. . . . . 1 »
ZACCONE (P.)
Histoire anecdotique de la poste. 1 vol. . . . . . 3 »
ZOLA (ÉMILE).
Le Vœu d'une morte. . . . . 3 »
Mes Haines. . . . . 3 »

EN VENTE A LA MÊME LIBRAIRIE

NOUVELLE COLLECTION A 1 FR.

Les Francs Routiers, par ANTONY RÉAL.
Les Tablettes d'un Forçat, par ANTONY RÉAL.
Les Petites Chattes de ces Messieurs, par HENRY DE KOCK.
L'Amour bossu, par HENRY DE KOCK.
La Nouvelle Manon, par HENRY DE KOCK.
Guide de l'Amoureux à Paris, par HENRY DE KOCK.
Jeanne de Valbelle, par CASIMIR BLANC.
Les Ornières de la Vie, par JULES CLARETIE.
Séduction, par RAOUL OLLIVIER.
Un Mariage entre mille, par VICTOR POUPIN.
Le Colonel Jean, par H. DE LACRETELLE.
Nicette, par ADRIEN PAUL.
Les Finesses de d'Argenson, par ADRIEN PAUL.
Nos Gens de lettres, par ALCIDE DUSOLIER.
Les Cachots du Pape, par CH. PAYA.
La Guerre de Pologne, par EUG. D'ARNOULT.
Les Brigands de Rome, par EUG. D'ARNOULT.
Impressions d'un Japonais en France, par RICHARD CORTAMBERT.
Ingenio, par LOUIS CHALIÈRE.
Histoire d'un Trésor, par ERNEST BILLAUDEL.
Souvenirs d'un Zouave (Campagne d'Italie), par LOUIS NOIR.
Bill-Biddon, le trappeur du Kansas, par C. DE CENDREY.
Natt-Rodd, le prisonnier des Sious, par LE MÊME AUTEUR.
Fables nouvelles, par ED. GRANGER.
La Télégraphie électrique, par PH. DAURIAC.
Rien ne va plus, la Rouge et la Noire, par LÉON DE MARANCOURT.
Histoire des Persécutions religieuses en Espagne, par DE LA RIGAUDIÈRE.
Lettres gauloises, par ULYSSE PIC.
Soirées d'Aix-les-Bains, par Mme RATTAZZI.
La France travestie, ou LA GÉOGRAPHIE APPRISE EN RIANT.

www.ingramcontent.com/pod-product-compliance
Lightning Source LLC
Chambersburg PA
CBHW060642170426
43199CB00012B/1644